1

cursodeespañol

es**español** **1**
nivel**inicial**

cuaderno de recursos
y ejercicios

esespañol 1
nivelinicial

cuaderno de recursos
y ejercicios

DIRECCIÓN LINGÜÍSTICA
Santiago Alcoba
de la Universidad Autónoma de Barcelona

ASESORÍA LINGÜÍSTICA Y METODOLÓGICA
José Gómez Asencio y Julio Borrego Nieto
de la Universidad de Salamanca

DIRECCIÓN GENERAL DE es espasa
Víctor Marsá

DIRECCIÓN EDITORIAL DE MATERIALES EDUCATIVOS
Marisol Palés

COORDINACIÓN EDITORIAL
Alegría Gallardo

EDICIÓN
Jeaninne Bello

ASESORÍA LINGÜÍSTICA Y METODOLÓGICA
José Gómez Asencio y Julio Borrego Nieto
Universidad de Salamanca

CONSULTORÍA DIDÁCTICA Y CURRICULAR
Rafael Sánchez Sarmiento
Instituto Cervantes

DESARROLLO DE PROYECTO: MIZAR MULTIMEDIA, S.L.
DIRECCIÓN EJECUTIVA
José Manuel Pérez Tornero
Universidad Autónoma de Barcelona

DIRECTORA DE PLANIFICACIÓN Y COORDINACIÓN
Claudia Guzrnán Uribe

DIRECCIÓN LINGÜÍSTICA Y DIDÁCTICA
Santiago Alcoba
Universidad Autónoma de Barcelona

DIRECCIÓN DE CONTENIDOS
José M.ª Perceval

EDITOR LINGÜÍSTICO
Agustín Iruela

COORDINACIÓN LINGÜÍSTICA
Nuria Soriano Cos

EQUIPO LINGÜÍSTICO
Carmen Carbó, Marta Inglés y Ana Irene García

EDITOR DE CONTENIDOS
Diego Blasco

MAQUETACIÓN
Borja Ruiz de la Torre

AYUDANTE DE MAQUETACIÓN
Lidia Bria

ILUSTRACIONES
Gumersindo Reina Lara y Valentín Ramón Menéndez

INVESTIGACIÓN Y CONTROL DE CALIDAD
Juan Manuel Matos López

DOCUMENTACIÓN GRÁFICA
Mizar Multimedia, S.L.

DISEÑO INTERIOR Y DE CUBIERTA
Tasmanias, S.A.

**Instituto
Cervantes**

La marca del Instituto Cervantes y su logotipo son propiedad exclusiva del Instituto Cervantes

Este método se ha realizado de acuerdo con el Plan Curricular del Instituto Cervantes,
en virtud del Convenio suscrito el 25 de abril de 2001

© De esta edición: Espasa Calpe, S. A., 2002

DEPÓSITO LEGAL: M. 15.386-2002
ISBN: 84-239-2916-7

Impreso en España / Printed in Spain
Impresión: Fernández Ciudad, S. L.

EDITORIAL ESPASA CALPE, S. A.
Carretera de Irún, km. 12,200
28049 Madrid

ÍNDICE

EL CUADERNO DE RECURSOS Y EJERCICIOS

¿EN QUÉ CONSISTE?

El *Cuaderno de recursos y ejercicios* consta de doce lecciones relacionadas con las del *Libro del alumno*. Los ejercicios sirven para **reforzar y ampliar** las estructuras de las funciones comunicativas, la gramática y el vocabulario.

Este cuaderno ofrece numerosas y variadas actividades de comprensión auditiva y escrita, reflexión y práctica lingüística. En la *Tabla de objetivos* puedes **seleccionar** los ejercicios según el **objetivo** que te interesa trabajar. Está acompañado de un CD de audio para las actividades de comprensión auditiva y de pronunciación.

Antes de cada bloque de tres lecciones aparece una *Brújula*, con una selección de vocabulario, de gramática y de estructuras para la comunicación de las tres lecciones siguientes. Si lees la *Brújula* antes de empezar esas lecciones, te resultarán más fáciles.

Al inicio de cada lección aparece un **índice** muy detallado de ejercicios con su objetivo y su número. Así podrás decidir, de acuerdo con tus necesidades, qué actividades harás y en qué orden.

Todas las lecciones de este libro contienen un ejercicio de pronunciación. Lo encontrarás al final de cada lección.

Los **apéndices** te serán muy útiles. En el *Apéndice de transcripciones* hallarás la trascripción de los diálogos de los ejercicios de comprensión auditiva. Además, podrás comprobar tus respuestas en el *Apéndice de soluciones*. En el *Apéndice léxico* encontrarás el léxico fundamental, con las palabras básicas que debes dominar en ese nivel. Está organizado para que puedas escribir al lado de cada palabra su traducción.

¿CÓMO USAR LA *TABLA DE OBJETIVOS*?

Es una manera sencilla de buscar los ejercicios que te interesan.

La referencia a los ejercicios para observar y practicar las funciones comunicativas de la lección empieza por *Cómo...* (p.e., *Cómo comunicarte por teléfono*).

Los ejercicios centrados en la gramática aparecen divididos en dos grupos. En uno están todos los contenidos gramaticales excepto los verbos. Los reconocerás porque van precedidos de un artículo (p.e., *La diferencia entre tú y usted*). Los verbos forman otro grupo debido a su importancia en el sistema de la lengua. Búscalos en las referencias que empiezan por *Verbos...* (p.e., *Verbos: pretérito perfecto*).

Los ejercicios centrados en practicar y ampliar el vocabulario están recogidos bajo el título de *Vocabulario*. Los ejercicios centrados en la pronunciación aparecen con el título de *Pronunciación*.

Además, esta *Tabla de objetivos* contiene una columna con remisiones al epígrafe del *Apéndice gramatical* del *Libro del alumno* que trata cada punto.

EL CURSO es español

Es español es un sistema de enseñanza de español para extranjeros válido para el aprendizaje autónomo, presencial o semipresencial. Su propuesta de enseñanza está basada en el contacto intenso con la lengua natural. Por eso, a medida que vayas profundizando en el idioma, podrás comprender más cantidad de información.

El sistema está organizado en tres niveles: Inicial, Intermedio y Avanzado. Cada nivel incluye una gran variedad de temas y ejercicios que te pondrán en contacto con el español actual. Esta riqueza de actividades pretende relacionar tu aprendizaje de español con tus vivencias e inquietudes personales.

Los soportes para cada nivel son:

1. El *Libro del alumno* y el *Cuaderno de recursos y ejercicios*, con casetes o CD de **audio**.

2. El *Libro del profesor*, con propuestas para el trabajo en el aula, la expresión oral y escrita y la interacción en grupo.

3. Los **CD-ROM** y su *Guía didáctica*, que permiten practicar la comprensión escrita y auditiva, el léxico, la gramática y la pronunciación. Complementan a los libros, multiplican el número de ejercicios y refuerzan el aprendizaje.

4. Los **vídeos** y su *Guía didáctica*, que te ofrecen oportunidades para estar en contacto con la lengua viva y auténtica.

5. **Internet** ofrece actividades complementarias. También podrás contactar con otros estudiantes en nuestros *chats* y foros de discusión. Internet ofrece un servicio personalizado de acceso a la realidad del español en el mundo, secciones renovadas periódicamente y cursos de español.

¿SE NECESITAN TODOS LOS SOPORTES?

Los diferentes soportes **se refuerzan** unos a otros y cuentan con la misma estructura en secciones. Por eso pueden usarse de modo autónomo. Así, puedes seguir el curso con libros exclusivamente, aunque si utilizas otros soportes de manera complementaria, enriquecerás y acelerarás tu aprendizaje.

Es importante que selecciones los soportes que necesites en el momento adecuado. Así te será fácil encontrar lo que necesitas practicar. El sistema de remisiones te ayudará a encontrar los ejercicios o las explicaciones gramaticales.

¿CUÁLES SON LOS PRESUPUESTOS DEL CURSO?

Es español considera que el desarrollo de tu autonomía como estudiante de español es clave para el éxito en el aprendizaje. Debes ser consciente de que tienes una **responsabilidad**: esto significa que debes tomar conciencia sobre el control que debes ejercer sobre tu propio proceso de aprendizaje. Sólo así podrás tomar decisiones como la selección de soportes, el itinerario entre las secciones y las actividades más adecuadas para ti en cada momento.

Piensa que es posible cubrir los objetivos del curso sin realizar la totalidad de las actividades que aparecen en todos los soportes, ya que *Es español* te ofrece una gran cantidad y variedad de ejercicios.

El *sistema* se basa en un enfoque didáctico que tiene en cuenta la diversidad de estilos de aprendizaje de cada estudiante. En general, hay una tendencia a presentar la información lingüística y cultural de forma que participes de forma activa en tu proceso de aprendizaje. Así, queremos favorecer un proceso en el que descubras fenómenos de la lengua y generes reglas sobre su funcionamiento. Las actividades están diseñadas para dirigir tu atención hacia el significado de la lengua sin hacer, conscientes sus reglas en un primer momento, con el propósito de que automatices de forma intuitiva las reglas a medida que comprendes y usas la lengua.

Pero también hay otras actividades y secciones diseñadas para que dirijas tu atención al **sistema formal de la lengua**, el vocabulario, la gramática y la pronunciación.

¿CÓMO PUEDO USAR EL SISTEMA?

Todos los soportes están integrados en una misma programación de temas, funciones comunicativas, gramática y vocabulario. Así que puedes hacer un uso indistinto de ellos y utilizar el soporte que te resulte más cómodo o más adecuado en función de tus disponibilidades técnicas y tus necesidades o preferencias.

Una posible forma de usar los soportes es:

Aprender por primera vez	Más propuestas para practicar y consolidar	Ampliación complementaria
Libro del alumno	Cuaderno de recursos y ejercicios, CD-ROM	Vídeos, Internet

¿LAS LECCIONES SE ADAPTAN A MI FORMA DE APRENDER?

¿Cómo eres? ¿Prefieres que te expliquen las reglas antes de usar la lengua? ¿Prefieres observar la lengua y deducir por ti mismo cómo funciona? No hay una forma de aprender mejor que otra: las dos pueden ser igualmente eficaces. Lo importante es que encuentres el modo de trabajar más adecuado a tu forma de aprender. El *sistema* se puede adaptar a tu proceso de aprendizaje porque es muy flexible.

El orden de presentación de las actividades en el libro no pretende que lo sigas de forma lineal. Las **rutas** que puedes recorrer son variadas, con saltos entre las diferentes actividades, y viajes de ida y vuelta entre el *Libro del alumno*, el *Cuaderno de recursos y ejercicios*, sus apéndices y el resto de soportes.

Los itinerarios que puedes trazar dentro de cada lección son múltiples, ya que el orden en que realices las actividades depende de tus necesidades y de la dificultad que adviertas en cada ejercicio. Lo importante será seleccionar primero aquellos en los que estés más cómodo y luego los que te resulten más difíciles.

Antes de empezar las lecciones, te recomendamos que consultes la *Brújula* correspondiente.

ALGUNOS ITINERARIOS POSIBLES

Si eres un estudiante que puede **aprender rápido** español, puedes empezar por la sección *Escenas* del *Libro del alumno* y después realizar algunas actividades de la sección de *Primer plano* o del *Cuaderno de recursos y ejercicios* para consolidar o ampliar lo aprendido.

Si aprendes de forma **menos rápida**, puedes empezar por las páginas de *Recursos*, luego seleccionar actividades de la sección *Primer plano*, posteriormente del *Cuaderno de recursos y ejercicios,* y por último, las de *Escenas*. También puedes trabajar con el *Cuaderno de recursos y ejercicios* de forma preparatoria para las actividades del *Libro del alumno*.

Si tienes un estilo de **aprendizaje intuitivo** y prefieres observar la lengua y después hacer hipótesis sobre cuáles son las reglas gramaticales y de uso, te recomendamos este orden: *Primer Plano*, después *Escenas*, a continuación *Recursos,* y por último, el *Cuaderno de recursos y ejercicios*.

Si prefieres **conocer primero las reglas**, después **observar** cómo se aplican, y **luego practicar**, puedes consultar primero la sección de *Recursos*, a continuación el *Apéndice gramatical*, después observar cómo aparecen en los ejercicios y practicar.

¿CÓMO SON LOS EJERCICIOS?

El curso te ofrece muestras de lengua próximas a la que realmente utilizan los hablantes nativos de español para que te familiarices desde el principio con la lengua auténtica. Por eso **no has de pretender comprenderlo todo** la primera vez que lees o escuchas algo. Ni tan siquiera suele ser necesario para resolver el ejercicio. Acostúmbrate a escuchar y a leer de forma selectiva para captar sólo la información relevante, sobre todo en este nivel inicial.

¿QUÉ HE DE HACER ANTES Y DESPUÉS DE UN EJERCICIO?

Antes de iniciar un ejercicio tienes que **saber qué se te pide que hagas y que entiendas**. Para comprender mejor el contenido del ejercicio, ayúdate de lo que ya sabes sobre el tema. Reflexiona también sobre qué dificultades crees que vas a encontrar. Intenta siempre descubrir el sentido comunicativo y las intenciones de los diálogos y textos.

Es muy útil que **reflexiones** sobre qué has aprendido, después de hacer un ejercicio. Valora las dificultades que te han surgido, si opinas que has logrado el objetivo de la actividad y cómo te has sentido mientras la hacías. Puedes fijarte también en cuáles son los objetivos centrales del ejercicio y cómo se explican en la sección de *Recursos* y el *Apéndice gramatical*.

Después, opcionalmente puedes **profundizar** en el **vocabulario** y la **gramática** con tu diccionario y el *Apéndice gramatical*.

¿TENGO QUE REVISAR LAS LECCIONES ANTERIORES?

A medida que vas avanzando lecciones en los libros, CD-ROM, vídeo e Internet, y observas cómo progresas en tu aprendizaje, es una buena idea que vuelvas a lecciones y capítulos anteriores. De esta forma revisarás y consolidarás lo que aprendiste.

Esta técnica te resultará especialmente útil en los vídeos, ejercicios de comprensión auditiva y textos en los que no tienes que comprenderlo todo, y tienes que centrarte sólo en una **comprensión selectiva**. Así, puedes descubrir que entiendes más información que cuando hiciste el ejercicio por primera vez.

¿CÓMO DEBO RESOLVER LAS ACTIVIDADES DE COMPRENSIÓN AUDITIVA?

Antes de escuchar, observa si hay una imagen acompañando al ejercicio: te puede ayudar a contextualizar el diálogo.

En la primera audición piensa que no es necesario comprender toda la información. Ten presente lo que se te pide que entiendas y haz una primera **audición de comprensión general**. Puedes interrumpirla y repetirla para darte tiempo para escribir. A continuación puedes hacer una **audición selectiva** para resolver el ejercicio y después verificar si tus respuestas son correctas; repite la audición fijándote en la información de las preguntas no respondidas correctamente la primera vez. Posteriores **audiciones opcionales** te permitirán verificar lo que has escuchado y extender la comprensión más allá de lo que pide el ejercicio.

Puedes usar el *Apéndice de transcripciones* siempre que lo estimes necesario. Tú decides el momento de consultarlo: antes, mientras o después de escuchar. Si lo prefieres, puedes leerla antes de escuchar para que te resulte más fácil, pero, en general, procura hacer el esfuerzo de escuchar antes de leer para comprobar cuánta información comprendes.

Después del ejercicio, puedes hacer una audición fijándote en la **pronunciación**. Una forma de practicarla es escuchar y leer la transcripción prestando atención a cómo suena el español. Otra manera de practicar la pronunciación es leer en voz alta imitando lo mejor posible las voces, o en los ejercicios correspondientes de los CD-ROM.

¿CÓMO DEBO RESOLVER LAS ACTIVIDADES DE LECTURA?

Puedes seguir un procedimiento parecido al anterior. Antes de la primera lectura piensa que **no es necesario comprender todo** el texto. Ten presente lo que se te pide y haz una primera lectura para tener una idea general. Después puedes leer otra vez para responder el ejercicio. Tras consultar las soluciones, puedes hacer una lectura opcional más exhaustiva.

¿CÓMO SÉ QUE HE RESPONDIDO CORRECTAMENTE?

La mayoría de los ejercicios del *Libro del alumno*, del *Cuaderno de recursos y ejercicios* y del CD-ROM son **autoevaluables**; así puedes comprobar tú mismo las soluciones.

Algunas actividades tienen más de una solución correcta. En este caso se indica al principio que es una *posible solución*. También hay algunas actividades sin solución determinada, que pretenden ser un estímulo para tu aprendizaje, invitándote a la reflexión.

En algunas actividades de escritura son posibles muchas soluciones correctas. En este caso, en el *Apéndice de soluciones* encontrarás como orientación un texto modelo. Tu tarea consiste en compararlo con el texto que has escrito y reflexionar en qué se diferencian. No debes pensar en absoluto que tu texto está mal por ser diferente al modelo.

¿QUÉ PASA SI COMETO ERRORES?

No tengas miedo a cometer errores: es algo **inherente al aprendizaje de una lengua**, e incluso una manifestación natural de este proceso; a veces es necesario cometerlos. Aprende de ellos.

TENGO DUDAS SOBRE LA GRAMÁTICA. ¿QUÉ HAGO?

Las secciones de **Recursos** y el **Apéndice gramatical** del *Libro del alumno* son secciones de **consulta** para que recurras a ellas cuantas veces estimes oportuno. Puedes consultarlas antes de empezar una lección, antes de empezar una actividad, mientras la haces, después de hacerla o como revisión final de la lección.

En algunas ocasiones, los contenidos gramaticales de la sección *Recursos* son presentados de forma fragmentaria. Sólo incluyen los aspectos específicos de la lección y aparecen reunidos con el resto de contenidos gramaticales en el *Apéndice gramatical*.

¿PUEDO USAR EL DICCIONARIO?

Un buen diccionario bilingüe te proporciona en tu lengua la palabra equivalente a la que buscas y también te permite verificar que has entendido correctamente su significado. Puedes consultarlo siempre que lo estimes necesario. Sin embargo, es bueno que antes intentes deducir por el contexto el significado de la palabra, o pensar si se parece a otra palabra de una lengua que conozcas.

¿MÁS INFORMACIÓN?

www.esespasa.com

Tabla de objetivos

Brújula

bloqueuno 1

En esta sección te ofrecemos una selección de los recursos lingüísticos más importantes de las próximas tres lecciones. Los encontrarás agrupados en tres apartados:

- **Vocabulario**: Contiene una selección del vocabulario más representativo de las tres lecciones del bloque. Podrás escribir a su lado la traducción en tu propia lengua.
- **Gramática:** En este apartado podrás leer una explicación de los principales recursos gramaticales del bloque. El símbolo (§) y el número que aparecen en cada título te indican en qué epígrafe del Apéndice gramatical del *Libro del Alumno* se explica ese mismo tema.
- **Comunicación:** Este apartado recoge las funciones comunicativas básicas del bloque, es decir, las estructuras que te sirven para conversar y expresar intenciones.

Es una buena idea que leas estas páginas antes de empezar las lecciones; así, cuando trabajes los contenidos de cada lección, encontrarás algunas palabras, estructuras gramaticales y expresiones de funciones comunicativas que ya conoces, que te son familiares. Observarás que junto a las palabras del vocabulario y a las estructuras comunicativas hemos dejado espacio para que escribas su traducción en tu propia lengua. Así también te pueden servir como lugar de consulta mientras realizas las actividades.

Vocabulario

PALABRAS PARECIDAS EN OTRAS LENGUAS

- televisión
- cine
- aeropuerto
- bar
- fútbol
- hotel
- taxi
- restaurante
- internacional
- café

Lección 1

PAÍSES Y NACIONALIDADES

España ➜ español / ola
México ➜ mexicano / ana
Francia ➜ francés / esa
Alemania ➜ alemán / ana
Gran Bretaña ➜ británico / a
Estados Unidos ➜ estadounidense

Normalmente, la palabra para expresar la nacionalidad se forma añadiendo al nombre del país una terminación: -ol / -ola, -o / -a, -és / -esa, -án /-ana, -ense / -ense.

LOS NÚMEROS FUNDAMENTALES

1 un(o) / a	11 once	21 veintiuno
2 dos	12 doce	30 treinta
3 tres	13 trece	31 treinta y uno
4 cuatro	14 catorce	40 cuarenta
5 cinco	15 quince	50 cincuenta
6 seis	16 dieciséis	60 sesenta
7 siete	17 diecisiete	70 setenta
8 ocho	18 dieciocho	80 ochenta
9 nueve	19 diecinueve	90 noventa
10 diez	20 veinte	100 cien

Lección 2

PARTES DEL CUERPO

cabeza _____   ojo _____
nariz _____   boca _____
oreja _____   pelo _____
mano _____   cuello _____

RELACIONES FAMILIARES

padre _____   madre _____
hijo _____   hija _____
hermano _____   hermana _____
abuelo _____   abuela _____
nieto _____   nieta _____
tío _____   tía _____
primo _____   prima _____
cuñado _____   cuñada _____
está soltero _____   está casado _____
divorciado _____   novio _____

CARACTERÍSTICAS FÍSICAS DE UNA PERSONA

alto _____   bajo _____
delgado _____   gordo _____
rubio _____   moreno _____
calvo _____   bigote _____

PROFESIONES

profesor _____   médico _____   policía _____   electricista_____
arquitecto _____   mecánico _____   dentista _____   abogado _____
taxista _____   camarero _____   estudiante _____   periodista _____

Lección 3

AFICIONES Y DEPORTES

ver la televisión _____
aprender una lengua _____
leer libros _____
cantar _____
ir al cine _____
jugar al fútbol _____
hacer deporte _____
esquí _____
baloncesto _____
tenis _____

ACCIONES COTIDIANAS

vivir en Madrid _____
hablar español _____
viajar _____
pasear _____
escribir cartas_____
hacer negocios _____
trabajar en una empresa _____
conocer gente _____
tener nuevos amigos_____
tocar la guitarra _____
cocinar _____

Gramática

INTERROGATIVOS §21

de dónde _____
¿De dónde eres? _____

cuántos _____
¿Cuántos años tienes? _____

cómo _____
¿Cómo estás? _____

GÉNERO Y NÚMERO §5-§8

Todos los nombres tienen un género, masculino o femenino, y un número, singular o plural.

Algunos nombres cambian su terminación según sean masculinos o femeninos:
hermano _____ *hermana* _____

Casi todos los nombres para indicar plural cambian añadiendo una *-s* a la forma singular. Algunos añaden *-es*.
hermano + s _____
español + es _____

Hay adjetivos que cambian de género, pero otros no:
guapo _____ *guapa* _____
igual _____ *igual* _____

Los adjetivos añaden *-s* o *-es* a la terminación para formar el plural.
guapos _____ *guapas* _____
iguales _____ *iguales* _____

CONCORDANCIA §5

hermano guapo _____
hermana guapa _____
hermanos guapos _____
hermanas guapas _____

hermano grande _____
hermana grande _____
hermanos grandes _____
hermanas grandes _____

PRONOMBRES PERSONALES §11-§15

Se refieren a las personas que conversan: la persona o personas que hablan (*yo, nosotros*), la persona a quien se habla (*tú, usted, vosotros, ustedes*) y la persona o cosa de quien se habla (*él, ella, ellos, ellas*).

POSESIVOS §16

La forma de los adjetivos posesivos depende de la persona a la que se refiere (*yo, tú, él, ella*, etc.), y concuerda en número con el nombre al que acompañan (*mi abuelo, mis abuelos*). Además, las formas de *nosotros, vosotros* manifiestan el género del nombre con el que van (*nuestro tío, nuestra tía*).

LOS VERBOS §16

Para entender la conjugación de los verbos necesitas saber cuál es su forma llamada de infinitivo. Esta palabra tiene dos partes: la raíz y la terminación.

Según la terminación, los verbos se dividen en tres grupos, que terminan en *-AR, -ER, -IR*.

estudiar	beber	vivir
estudi-ar	**beb-er**	**viv-ir**

La terminación de los verbos cambia según la persona a que se refiere.

Los verbos también se clasifican según el tiempo a que refieren. Cada tiempo tiene unas terminaciones propias para cada persona.

Los verbos se conjugan añadiendo a la raíz la terminación de cada tiempo y de cada persona.

Así pues, para conjugar un verbo tienes que saber si es del grupo *-AR, -ER,* o *-IR*, el tiempo y la persona.

PRESENTE REGULAR §29-§46

Este tiempo expresa algo que ocurre en el momento en el que se habla.
María estudia español _____

ORDEN DE LA FRASE EN ESPAÑOL §58

Las palabras permiten una colocación bastante libre en español, pero se prefieren determinadas colocaciones de los elementos. En algún caso, determinados elementos tienen una colocación fija en la expresión del enunciado.
La chica americana tiene veinte años.
_____

Comunicación

SALUDAR

- Hola. _____
- Adiós. _____
- ¿Cómo estás? _____
- 🗨 ¿Qué tal estás? _____
  🗨 Bien gracias, ¿y tú ?_____
- Buenos días. _____
- Buenas tardes. _____
- Buenas noches. _____

DESPEDIRSE

- 🗨 Adiós, hasta mañana. _____
  🗨 Hasta luego. _____
- Hasta la vista. _____

PRESENTARSE

- 🗨 Hola. Me llamo Julián. _____
  🗨 Encantado. Mucho gusto. _____
- 🗨 Hola. Soy Begoña. _____
  🗨 Hola Begoña, ¿qué tal? Soy Lola.
  _____

PRESENTAR A ALGUIEN

- Ésta es Begoña. _____
- 🗨 Le presento al señor Gómez.
  _____
  🗨 Mucho gusto, señor Gómez. ¿Cómo está usted?
  _____
- 🗨 ¡Hola! Ésta es mi amiga Lola.
  _____
  🗨 ¡Hola, Lola! ¿Qué tal?
  _____

PREGUNTAR Y DECIR EL NOMBRE

- 🗨 ¿Cómo te llamas? _____
  🗨 Julián. Me llamo Julián. _____
- 🗨 ¿Cómo se llama usted? _____
  🗨 Luis Gómez. Me llamo Luis Gómez.
  _____

PREGUNTAR Y DECIR LA EDAD

- 🗨 ¿Cuántos años tienes? _____
  🗨 Tengo veintisiete años. _____

PREGUNTAR Y DECIR LA PROCEDENCIA

- 🗨 ¿De dónde eres? _____
  🗨 Soy mexicano. / 🗨 Soy de México.
  _____ / _____
- 🗨 ¿Dónde vives? _____
  🗨 En Madrid. Vivo en Madrid.
  _____

CONTROLAR LA COMUNICACIÓN

- ¿Cómo se pronuncia instrucción?
  _____
- ¿Cómo se escribe?
  _____
- ¿Puedes repetir?
  _____
- ¿Puedes hablar más alto?
  _____
- ¿Puedes hablar más despacio?
  _____
- ¿Cómo se dice blond en español?
  _____
- ¿Qué significa parentesco?

PREGUNTAR Y DECIR LA PROFESIÓN

- 🗨 ¿A qué te dedicas? / ¿Qué haces? / ¿En qué trabajas?
  _____ / _____ / _____
- 🗨 Soy médico. / Trabajo en un hospital. / Trabajo para el Hospital General.
  _____ / _____ / _____

DESCRIBIR FÍSICAMENTE A UNA PERSONA

- Es alto. _____
- Tiene el pelo largo. _____

EXPRESAR INTENCIONES Y OBJETIVOS

- 🗨 ¿Para qué estudias español?
  _____
  🗨 Para vivir en Buenos Aires.
- 🗨 ¿Por qué estudias español?
  _____
  🗨 Porque tengo amigos en Argentina.

HABLAR DE AFICIONES

- Juego al fútbol y colecciono sellos.
  _____
- Va al cine. _____
- Vamos de compras. _____

1

lecciónuno1

Ejercicios

¡Hola, amigos!

¿Qué quieres practicar más?

- Vocabulario (**1**, **2**, **3**)
- Saludos y despedidas (**4**)
- Presentaciones (**5**)
- Preguntas sobre el nombre, la nacionalidad y la edad (**6**, **7**, **8**)
- Deletrear (**9**)
- Géneros: **masculino** y **femenino** (**10**)
- Algunas formas verbales de: **llamarse**, **tener**, **vivir** y **ser** (**11**,**12**)
- La distinción de las formas verbales de **tú** y **usted** (**13**)
- Números (del **1** al **100**) (**14**)

1 Ya sabes mucho español. Seguro que conoces estas palabras. Escúchalas y escribe el orden en que se dicen en el audio.

☐ tabaco ☐ medicinas ☐ fútbol ☐ tenis

[1] taxi ☐ bar ☐ examen ☐ hotel

☐ café ☐ pasaporte ☐ restaurante ☐ hospital

2 Escucha estas frases. Intenta comprender las palabras que faltan y escribirlas. ¿Se pronuncian de forma diferente en tu lengua?

1 Esta mañana, en el _____*autobús*_____ , me han llamado
   por el _____ móvil.
2 He leído en _____ una noticia interesante
   sobre fútbol.
3 He visto en _____ lo del accidente del _____ .
4 ¿Tienes el _____ de Isabel en tu _____ ?
5 A mí me gusta bastante la _____ ,
   sobre todo la _____ .
6 No encuentro tu _____ .
   No sé si está encima de la _____ .
7 ¿Usas _____ ?
   Lee este _____ , es bueno.
8 🗨 ¿Tienes _____ ?
   🗨 Sí, compré en el _____ .
9 ¿Sabes?, en el _____ he olvidado el _____ .
10 Ayer olvidé en el _____ los informes del _____ .

3 Buscamos la palabra que sobra en cada línea. ¿Nos ayudas?

1 La Habana, París, Barcelona, Río de Janeiro, ~~colombiano~~, Londres, Praga.
2 Dos, once, trece, quince, eme, uno, veinte.
3 Vives, eres, te llamas, apellidos, tienes.
4 Mexicano, española, Francia, estadounidense, ruso.
5 Eme, pe, jota, ele, hola, a, be.

4 Fíjate en el cuadro, tienes todas las palabras que necesitas para completar los diálogos. ¡Ánimo!

¿cómo está? • hasta mañana • hasta luego • hola • ~~¿cómo estás?~~ • adiós

1 JULIÁN: Hola, me llamo Julián.
ANDREW: Hola, soy Andrew, *¿cómo estás?*
JULIÁN: Muy bien, ¿y tú?
2 LOLA: Buenas noches. ¡ _____ !
ANTONIO: _____ , ¡hasta mañana!
3 ANTONIO: ¿Conoces a tu compañero de clase?
BEGOÑA: _____ , ¿qué tal?
ANDREW: Bien, gracias.
4 BEGOÑA: Lola, éste es Antonio, el director.
LOLA: Mucho gusto, _____
5 ANDREW: Lo siento Begoña, tengo prisa. Hasta luego.
BEGOÑA: Adiós Andrew, _____ .

5 Nuestros amigos se están conociendo, ¿por qué no completas sus diálogos?
¿Necesitas ayuda? Puedes mirar el cuadro.

¿y tú? • soy • mucho gusto • ~~encantado~~

1 LOLA: Buenas tardes, me llamo Lola. Mucho gusto.
LÁZARO: *Encantado* . Yo soy Lázaro.
2 JULIÁN: Hola, soy Julián, _____
BEGOÑA: Yo soy Begoña y ella es Lola.
LOLA: Mucho gusto.
3 SECRETARIA: Andrew le presento a Antonio Gómez, el director.
ANDREW: _____ señor Gómez, ¿cómo está?
ANTONIO: Bien gracias.
4 BEGOÑA: Hola, _____ Begoña, ¿qué tal?
ANTONIO: Muy bien, gracias.

6 Ahora, ¿podrías relacionar las preguntas con las respuestas? ¡Ánimo!

1 ¿Cómo te llamas?   a De México.
2 ¿Cuántos años tienes?   b Vivo en la calle Aviñón, número 5.
3 ¿De dónde eres?   c Julián.
4 ¿Cómo se deletrea?   d Veinticinco años.
5 ¿Dónde vives?   e Jota, u, ele, i, a, ene.

7a Completa las frases con las palabras del cuadro.

es • vive • tiene • ~~es~~ • es • francesa

1 Andrew ____es____ norteamericano.
2 Julián _____ veinticinco años.
3 Marie Godard es _____ .
4 Pietro Piccoli _____ italiano.
5 El apellido de Andrew _____ White.
6 Begoña _____ en la calle Aviñón.

7b ¿De dónde son? ¿Cuál es su país y su nacionalidad?

A   B   C

D   E

	Nombre	Foto	País	Nacionalidad
1	Andrew White	C	Estados Unidos	estadounidense
2	Begoña Arzak		España	
3	Marie Godard			francesa
4	Julián Santacruz		México	
5	Pietro Piccoli			italiano

7c Seguro que ahora puedes contestar estas preguntas.

1 ¿Qué nacionalidad tiene Pietro? _Es italiano_ .
2 ¿Marie Godard es española? _No,_____ .
3 ¿De dónde es Andrew? _Es_____ .
4 ¿Hay alguna persona de Noruega en el grupo? _____ .
5 ¿Julián es mexicano? _____ .
6 Y tú, ¿de dónde eres? _Yo_____ .

8 Ocho nacionalidades del mundo están en esta sopa de letras.
Mira los monumentos y... ¡encuéntralas!

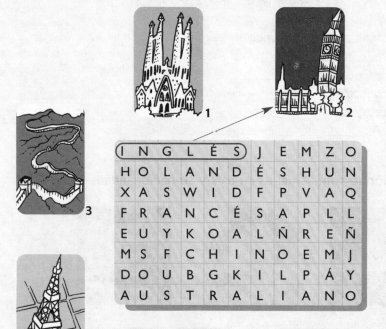

9 ¿Conoces ya estas letras?
Con ellas puedes completar los siguientes números.
¿Te atreves?

q	c	d	h	s	z	t	r	n	y	v	o
(cu)	(ce)	(de)	(hache)	(ese)	(zeta)	(te)	(erre)	(ene)	(i griega)	(uve)	(o)

a   15   _q_ ui _n_ _c_ e

b   33   ___ ___ ei ___ ___ ___ a ___ ___ ___ es

c   10   ___ ie ___

d   4   ___ ua ___ ___ o

e   22   ___ ei ___ ___ i ___ ó ___

f   36   ___ ___ ___ e ___ ___ ___ ___ a ___ ___ ___ ei ___

g   100   ___ ie ___

h   11   o ___ ___ e

10 ¿Puedes rellenar este cuadro?

Masculino	Femenino
italiano	italiana
alemán	alemana
ruso	
	suiza
colombiano	
	japonesa
español	
	portuguesa
inglés	

11 ¡Atrévete a completar los espacios en blanco con las formas correctas de **ser**, **vivir**, **tener** y **llamarse**!

1 ● ¿Pablo Iglesias?
● Sí, __soy__ yo. ¿ __Es__ usted Marcos Pérez?
● Sí, encantado.

2 ● ¿María López?
● Sí, _____ yo.
● ¿De dónde _____ usted?
● _____ de Bolivia.

3 ● ¿ _____ inglés?
● No, yo _____ irlandés.
● ¡Ah! ¿Qué edad _____ ?
● Yo _____ veintisiete años.

4 ● ¿Cómo _____ ?
● Marta, ¿y tú?
● Paul.
● ¿De dónde _____ , Paul?
● _____ francés, ¿y tú?
● Yo _____ de Chile.

5 ● ¿ _____ usted Felipe Cros?
● No, yo _____ Felipe Ros.
● Perdone.

6 ● ¿Su nombre, por favor?
● _____ Ana.
● ¿Sus apellidos?
● García Ruipérez.
● ¿ _____ usted argentina?
● No, _____ mexicana.
● ¿Qué edad _____ ?
● _____ treinta y ocho años.
● ¿Cuál _____ su teléfono?
● Mi teléfono es el 913456756.
● Muchas gracias.
● De nada.

12 Y ahora... ¡rellena este cuadro!

	Llamar**se**	Tener	Vivir
yo	_____ llam**o**	_____	_____
tú	**te** _____	tien**es**	_____
usted	_____ llam**a**	_____	vi**ve**
él/ella	**se** _____	tien**e**	_____

Mira cómo terminan los verbos. ¿Puedes sacar alguna conclusión? Aquí tienes una ayuda:

- Cuando se utiliza **yo**, el verbo casi siempre termina en ___o___ .
- Cuando se utiliza **tú**, el verbo termina en _____ y en _____ .
- Cuando se utiliza **usted**, el verbo termina en _____ y en _____ .
- Cuando se utilizan **él** y **ella**, el verbo termina en _____ y en _____ .

¿Qué relación hay entre *usted* y *él/ella*?

Marca con una cruz la respuesta correcta.

Terminan igual ☐
No terminan igual ☐

13 Coloca las siguientes frases en la columna correcta.

	Tú	Usted
¿Qué tal estás?	X	
¿Es americano?		
¿Cómo se llama?		
¿Qué edad tienes?		
¿Vives en Barcelona?		
¿Cuántos años tiene?		

14 ¿Puedes continuar tú? ¡Fíjate bien!

a Cuarenta y cinco (45), cincuenta y cinco (55), sesenta y cinco (65), _____ *setenta y cinco (75)* _____ .

b Setenta y ocho (78), setenta y tres (73), sesenta y ocho (68), _____ _____ .

c Cinco (5), diez (10), veinte (20), _____ _____ .

d Nueve (9), doce (12), quince (15), _____ .

e Seis (6), doce (12), siete (7), catorce (14), ocho (8), _____ _____ .

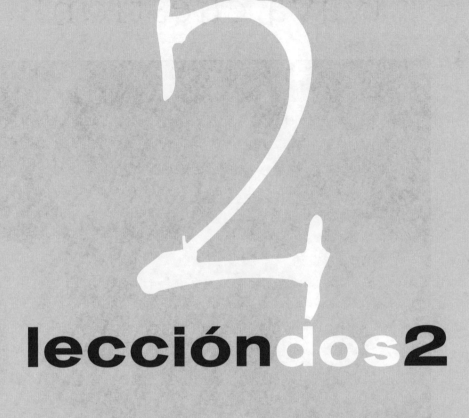

lección**dos**2

Ejercicios

Ser o no ser,
¡vaya cuestión!

¿Qué quieres practicar más?

- Profesiones (**1**, **2**)
- Vocabulario de la familia (**3**, **4**, **8**)
- Partes del cuerpo (**5**, **6**)
- Información personal (**8**, **9**, **10**)
- Frases para controlar la comunicación (**11**)
- Adjetivos posesivos (**12**)
- Pronunciación: la entonación interrogativa (**13**)

1 Ahora ya puedes relacionar cada objeto con su profesión. ¡Hazlo de nuevo!

 1 2 3 4 5 6

_____ *peluquero* _____ _____ _____ _____

profesora • juez • enfermera • abogada • cartero • ~~peluquero~~

2a ¿Cuál es la profesión de estas personas?

Santiago Castizo
_____

Álex Ruiz
músico

Ricardo Romero
_____

Pepa María Grial
_____

Claudia Grande
_____

Luis Ceballos
_____

Rita López
_____

Andrés Gómez
_____

modelo • estudiante • carpintero • ~~músico~~
deportista • florista • jardinero • fotógrafo

2b Ahora, ¿puedes escribir frases como la del ejemplo?

1 *Se llama Santiago Castizo y es deportista.*
2 Se llana Alez Ruis y es musico .
3 _____ Fotógrafo .
4 _____ florista .
5 _____ estudiante .
6 _____ carpintero .
7 _____ Modelo .
8 _____ jardinero

3a Observa este árbol genealógico y completa las frases que hay a continuación.

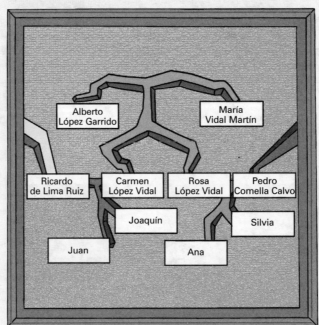

cuñado • madre • suegros • yerno • nietas	
hermana • nieto • mujer • hijas • tío	

1 Ricardo es el _____cuñado_____ de Rosa.

2 María es la _____madre_____ de Carmen.

3 Rosa y Carmen son las _____hijas_____ de Alberto.

4 Pedro es el _____tío_____ de Juan y Joaquín.

5 Ana es la _____hermana_____ de Silvia.

6 Joaquín es el _____nieto_____ de Alberto y María.

7 Carmen es la _____mujer_____ de Ricardo.

8 Pedro es el _____yerno_____ de María y Alberto.

9 Silvia y Ana son las _____nietas_____ de María y Alberto.

10 Alberto y María son los _____suegros_____ de Pedro y Ricardo.

3b Ahora, y con la ayuda del árbol, ¿por qué no escribes los apellidos de Juan, Joaquín, Ana y Silvia?

Juan _____ _____

Joaquín _____ _____

Ana _____ _____

Silvia _____ _____

4 Vamos a establecer las relaciones familiares en esta desordenada
familia.

| ~~padre~~ • abuelo • cuñado • primo • yerno • ~~hijo~~ • nieto |
| suegro • cuñado • tío • primo • sobrino |

padre › hijo _____   _____

_____   _____

_____   _____

¿Podrías escribir las relaciones familiares en femenino?

madre › hija _____   _____

_____   _____

5 Mira esta fotografía. ¿Recuerdas qué significan estas palabras?
Une la palabra con la parte de la cabeza correspondiente.

pelo

oreja

ojos

nariz

cuello

boca

6 Ahora, con la ayuda de los dibujos, seguro que resuelves este
pictograma.

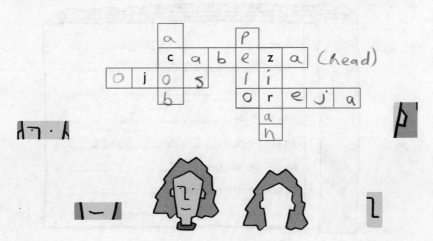

7a Estas palabras pertenecen a cinco grupos diferentes.
Clasifícalas en la tabla de abajo.

> ~~gordo~~ • pelo • calvo • taxista • pintora • abuelo • soltero • primo
> deportista • abogada • casado • nuera • bajo • yerno • tío • rubio
> moreno • hijos • cocinero • cuñado • nariz • viven juntos • novio
> divorciado • ojos • delgado • separado • padre • médico • ~~sobrino~~ • oreja

Aspecto físico	Profesión	Familia	Partes del cuerpo	Estado civil
gordo		sobrino		

7b Ahora escribe frases con las palabras de la actividad anterior.

Mi tío es rubio. Es cocinero. Está separado y no tiene hijos.

Mi cuñado _____

Mi padre _____

_____

8 La madre de Lola habla con una amiga suya. Escucha el diálogo.
Ahora, ¿puedes completar el cuadro?

> NOMBRE: _____
>
> EDAD: _____
>
> NACIONALIDAD: _____
>
> PROFESIÓN: _____
>
> ESTADO CIVIL: _____
>
> LUGAR DE NACIMIENTO: _____
>
> DESCRIPCIÓN FÍSICA: _____
>
> _____

9 Después de leer estas frases, ¿puedes rellenar el cuadro? ¡Fíjate bien y usa la lógica!

1 Ana vive con Pedro, pero no está casada con él.
2 La deportista es alta y morena. Tiene un hijo.
3 El alto y moreno es hijo de Enrique.
4 El marido de Ana es taxista.
5 El yerno de Pilar es delgado y calvo.
6 Enrique es el cuñado de Carlos, que es rubio y bajo.
7 Carlos es médico y trabaja con una enfermera que es baja y morena.
8 Pedro es estudiante.
9 La suegra de Enrique es baja y morena.
10 Pilar trabaja con un médico. Es enfermera.

	Nombre	Profesión	Descripción	Parentesco con Ana
a	Ana			–
b		médico		
c			alto y moreno	
d				marido de Ana
e	Pilar			

10 Ahora dialoga con Philippe, trátalo de usted.

1 Pregunta por su nombre.
2 Pregunta cómo se escribe.
3 Pregunta por su nacionalidad.
4 Pregunta por la profesión.

PHILIPPE: ¡Buenos días! Venía a informarme sobre la oferta de empleo.

TÚ: Sí, por supuesto. ¿Podría contestar a unas preguntas?

PHILIPPE: Claro! Por supuesto.

TÚ: (1) ¿ _____ ?

PHILIPPE: Philippe Villeneuve.

TÚ: (2) ¿ _____ ?

PHILIPPE: Uve-i-elle-e-ene-e-u-uve-e.

TÚ: Villeneuve. ¿Está bien así?

PHILIPPE: Sí, muy bien.

TÚ: (3) ¿ _____ ?

PHILIPPE: De Lyon, Francia, pero vivo en Toledo.

TÚ: (4) Ajá, ¿ _____ ?

PHILIPPE: Soy ingeniero.

TÚ: ¡Justo lo que necesitamos!

11 Completa estas frases con las palabras del cuadro.

> alto • repetir • escribe • despacio • ~~significa~~

1 ¿Qué _significa_ ?   2 ¿Cómo se _____ ?

3 ¿Puedes _____ ?   4 ¿Puedes hablar más _____ ?

5 ¿Puedes hablar más _____ ?

12 ¿Puedes completar este cuadro?

	Yo	Tú	Él/ella/usted
el padre	mi	tu	su
la madre	mi	tu	su
los padres	mis	tus	sus
el hermano	mi	tu	su
la hermana	mi	tu	su
los hermanos	mis	tus	sus
el hijo	mi	tu	su
la hija	mi	tu	su
los hijos	mis	tus	sus

13a ¿Sabes que la entonación te puede ayudar a reconocer
una pregunta?
Para comprobarlo, escucha atentamente estas preguntas:

> ¿Puedes repetir? • ¿Puedes hablar más alto? • ¿Es estudiante? • ¿Ésta es
> su hermana? • ¿Trabaja en un banco? • ¿Es alto? • ¿Vale? • ¿De acuerdo?

13b Ahora, escucha las frases y marca una cruz (x) en el lugar
correspondiente.

1 [X] ¿Puedes repetir?   [ ] Puedes repetir.
2 [ ] ¿Puedes hablar más alto?   [ ] Puedes hablar más alto.
3 [ ] ¿Es estudiante?   [ ] Es estudiante.
4 [ ] ¿Ésta es su hermana?   [ ] Ésta es su hermana.
5 [ ] ¿Trabaja en un banco?   [ ] Trabaja en un banco.
6 [ ] ¿Es alto?   [ ] Es alto.
7 [ ] ¿Vale?   [ ] Vale.
8 [ ] ¿De acuerdo?   [ ] De acuerdo.

3

leccióntres3

Ejercicios

¡Amigos para siempre!

¿Qué quieres practicar más?

- Vocabulario de acciones (**1**)
- Verbos regulares:
   infinitivo (**2**)
   presente (**3, 4, 5, 6, 9**)
- El uso de **para** y **porque** (**7, 8**)
- El orden de la frase (**10**)
- Adjetivos posesivos (**11, 12**)
- Pronunciación: las vocales (**13**)

1a ¿Qué hacen nuestros amigos? Relaciona cada fotografía con la acción correspondiente.

1b Después, escribe una frase debajo de cada fotografía.

1

Ellos bailan .

2

Ellas cocinan .

3

_____ .

4

_____ .

¿

- [2] cocinar
- [ ] escribir
- [ ] señalar
- [ ] discutir
- [1] bailar
- [ ] dormir
- [ ] hablar
- [ ] hacer deporte
- [ ] leer
- [ ] ir en bicicleta

6

_____ .

5

_____ .

¿

7

_____ .

8

_____ .

9

_____ .

10

_____ .

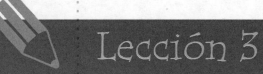

 2 Fíjate en la terminación de cada uno de estos verbos y subráyala. ¡Ya puedes clasificar los verbos en la correspondiente columna!

> trabajar • dormir • comer • pagar • venir • leer • escribir • ver
> hablar • estudiar • vivir • tener • ir • aprender • esquiar

Grupo 1	Grupo 2	Grupo 3
trabajar	*leer*	*vivir*
pagar	comer	dormir
hablar	ver	venir
estudiar	tener	escribir
esquiar	aprender	ir

Ahora ya sabes que:

- Los verbos del grupo **1** terminan en ___ar___ .
- Los verbos del grupo **2** terminan en ___er___ .
- Los verbos del grupo **3** terminan en ___ir___ .

3 Intenta completar el cuadro.

	Viajar	Leer	Escribir
yo	viaj_o_	le_o_	escrib_o_
tú	viaj_as_	le_es_	escrib_es_
él/ella/usted	viaj_a_	le_e_	escrib_e_
nosotros/as	viaj_amos_	le_emos_	escrib_imos_
vosotros/as	viaj_áis_	le_éis_	escrib_ís_
ellos/ellas/ustedes	viaj_an_	le_en_	escrib_en_

Ahora ya sabes que:

- **Yo**, en los tres grupos de verbos, termina siempre en _____ .
- **Tú** termina en _____ en el grupo _____ y en _____ en los grupos _____ .
- **Él, ella** y **usted** terminan en _____ en el grupo _____ y en _____ en los grupos _____ .
- **Nosotros** y **nosotras** terminan en _____ en el grupo _____ , en _____ en el grupo _____ y en _____ en el grupo _____ .
- **Vosotros** y **vosotras** terminan en _____ en el grupo _____ , en _____ en el grupo _____ y en _____ en el grupo _____ .
- **Ellos, ellas** y **ustedes** terminan en _____ en el grupo _____ y en _____ en los grupos _____ .

4a ¡Fíjate en cómo terminan! Coloca cada verbo en la fila correspondiente, según la persona.

practico   bebes   aprendéis   vemos   juego
escribe   cantáis   vives   hablas
leo   come   paseamos   vivís
sube   escribimos   coleccionan   estudian   viajan

- yo: _practico, juego, leo_
- tú: _bebes, vives, hablas_
- él/ella/usted: _escribe, come, sube_
- nosotros/as: _vemos, paseamos, escribimos_
- vosotros/as: _aprendéis, cantáis, vivís_
- ellos/ellas/ustedes: _coleccionan, estudian, viajan_

4b Ahora escribe los verbos correspondientes en cada grupo. _practicar estudiar jugar_

- ar: _practicar, hablar pasear cantar coleccionar viajar_
- er: _leer comer ver aprender beber_
- ir: _vivir escribir escribir subir_

5 ¿Ya puedes completar las siguientes formas verbales?

Primero te ayudamos:

	Nadar	Comer	Escribir
yo	nado	como	escribo
tú	nadas	comes	escribes
él/ella/usted	nada	come	escribe
nosotros/as	nadamos	comemos	escribimos
vosotros/as	nadáis	coméis	escribís
ellos/ellas/ustedes	nadan	comen	escriben

Ahora tú solo:

	Trabajar	Leer	Subir
yo	trabajo	leo	subo
tú	trabajas	lees	subes
él/ella/usted	trabaja	lee	sube
nosotros/as	trabajamos	leemos	subimos
vosotros/as	trabajáis	leéis	subís
ellos/ellas/ustedes	trabajan	leen	suben

6 ¡Descubre la forma correcta de los verbos entre paréntesis y completa las frases!

1 🗨 Y tú, Marina, ¿cuántos idiomas (HABLAR, tú) _hablas_ ?

   🗨 Pues dos, alemán y francés. Y ahora (ESTUDIAR, yo) _estudio_ japonés.

2 🗨 ¿(PRACTICAR, tú) _practicas_ algún deporte?

   🗨 Sí, (JUGAR, yo) _juego_ al baloncesto con un grupo de amigas todos los miércoles.

3 🗨 Para aprobar el examen, ¿cómo (ESTUDIAR, vosotras) _estudiáis_ ?

   🗨 Pues (IR, nosotras) _vamos_ a clase todos los días, (ESTUDIAR) _estudiamos_ en la biblioteca y (LEER) _leemos_ mucho.

4 🗨 Los japoneses (TOCAR) _tocan_ el violín muy bien. ¡Tienen mucha técnica!

   🗨 Sí, es verdad, tengo un amigo japonés que (SER) _es_ músico profesional. Él y su mujer (TRABAJAR) _trabajan_ en la Orquesta Nacional de Japón.

5 🗨 ¿Qué tipo de comida (COCINAR, vosotros) _cocináis_ ? _cook_

   🗨 De todo, porque (COMER, nosotros) _comemos_ mucho. _eat_

6 🗨 Ahora, Elena (VIVIR) _vives_ en casa de sus padres con su hermana. (APRENDER) _aprende_ idiomas para trabajar como guía turística y viajar. _travel_ _learn_ _like guide_

   🗨 ¡Qué interesante! Yo también (VIAJAR) _viajo_ mucho y (APRENDER) _aprendo_ idiomas.

7 🗨 Mi hermana (COLECCIONAR) _colecciona_ postales porque sus amigos (VIAJAR) _viajan_ por todo el mundo.

8 🗨 Y ustedes, ¿qué (ESCRIBIR) _escriben_ , cartas o correo electrónico?

   🗨 Casi siempre correo electrónico, porque (SER) _es_ más rápido.

7 ¿Podrías relacionar los primeros términos de la frase con los segundos?

1 Hago deporte   a porque me relaja antes de dormir.
2 Estudio   b para practicar español.
3 Leo todas las noches   c para trabajar en España.
4 Viajo por Latinoamérica   d porque mañana tengo un examen.
5 Aprendo español   e para estar en forma.

8 Ahora, relacionemos las dos columnas correctamente.

1 Voy al gimnasio   ☐ a ver páginas web.
2 Voy de excursión   ☐ b llegar antes.
3 Me conecto a Internet   PARA   ☐1 c estar en forma.
4 Viajo en avión   ☐ d tomar aire fresco.
5 Relleno un formulario   ☐ e inscribirme en un curso de español.
6 Uso un bolígrafo   ☐ f escribir una postal.

9 ¡Atrévete a jugar con los verbos! ¡Intenta resolver el puzzle!

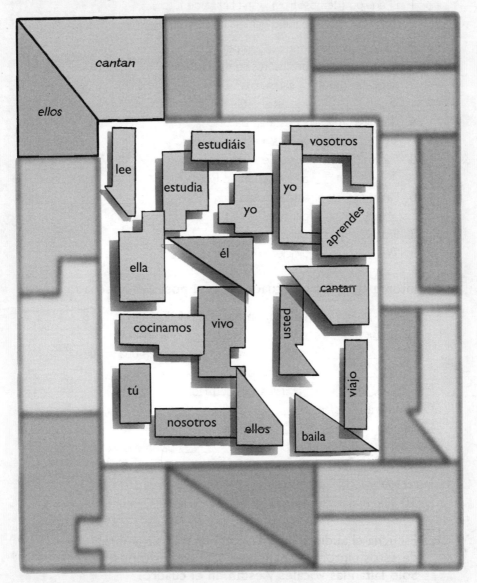

10 Intenta ordenar las palabras de las siguientes frases:

1 nadan en para forma estar _____ *Nadan para estar en forma.* _____
2 hermanos en Pirineos mis esquían los _____
3 ¿español para Chile estudias viajar por? _____
4 *windsurf* practico Tarifa en _____
5 escribo una mis postal amigos a _____
6 antes viajo avión en llegar para _____
7 ¿hermano tu baloncesto juega al? _____

11 **Ahora transforma las frases siguientes:**

1 El equipo (de nosotros) gana la liga de fútbol.

_Nuestro_____ equipo gana la liga de fútbol.

2 Profesoras (de vosotros) son peruanas.

_V_____ profesoras son peruanas.

3 Raquetas (de ellas) están rotas.

_S_____ raquetas están rotas.

4 Gimnasio (de ellos) está en Barcelona.

_S_____ gimnasio está en Barcelona.

5 Padres (de usted) están en Roma.

_S_____ padres están en Roma.

6 Padre (de vosotros) es ciclista.

_V_____ padre es ciclista.

7 Bicicletas (de nosotras) son nuevas.

_N_____ bicicletas son nuevas.

12 **Intenta completar el cuadro con el posesivo adecuado:**

1 En _nuestro____ país hay un equipo de fútbol muy famoso.

2 ¿_Vuestro___ equipo de baloncesto ganó la final?

3 _S_____ hermanas tocan el violonchelo en una orquesta.

4 ¿_V_____ abuelas son de Madrid?

No, _n_____ abuelos son de Madrid.

5 ¡Mira, allí están _s_____ padres!

6 ¿Dónde está _s_____ bicicleta?

7 No podemos jugar porque _s_____ balón está roto.

8 ¿_V_____ tía tiene cuatro hijos?

9 _N_____ profesoras son peruanas.

10 ¿De dónde es _t_____ equipo de fútbol favorito?

13 **Escucha el audio e intenta completar los nombres de estos pintores españoles y latinoamericanos. Sólo faltan las vocales y están en el cuadro.**

a • e • i • o • u

1 Fr_i_d_a_ K_a_hl_o_

2 F___rn___nd___ B___t___r___

3 D___ ___g V___l___zqu___z

4 ___rt___r___ M___ch___l___n___

5 Fr___nc___sc___ d___ G___y___

6 D___ ___g R___b___r___

7 S___lv___d___r D___l___

8 J___ ___qu___n S___r___ll___

Brújula

bloque**dos**2

Recuerda que en esta sección te ofrecemos una selección de los recursos lingüísticos más importantes de las próximas tres lecciones. Ya sabes que los encontrarás agrupados en tres apartados:

* **Vocabulario**: Selección del vocabulario del bloque.

* **Gramática**: Explicación de los principales recursos gramaticales del bloque.

* **Comunicación**: Resumen de las funciones comunicativas básicas del bloque.

Te animamos a que consultes la *Brújula* antes de empezar las lecciones, de esta manera, algunas palabras, estructuras gramaticales y expresiones de funciones comunicativas te resultarán familiares cuando trabajes los ejercicios. Observarás que junto a las palabras del vocabulario y a las estructuras comunicativas hemos dejado espacio para que escribas la traducción en tu propia lengua. Así también te pueden servir como lugar de consulta mientras realizas las actividades.

Vocabulario

Lección 4

PARTES DE UNA CASA

cocina(f.) _____   dormitorio(m.) _____
comedor(m.) _____   salón(m.) _____
habitación(f.) _____   lavabo(m.) _____
ascensor(m.) _____   escalera (f.) _____
pasillo(m.) _____   balcón(m.) _____

OBJETOS DE LA CASA

mesa(f.) _____   silla(f.) _____
puerta(f.) _____   ventana(f.) _____
nevera(f.) _____   lavadora(f.) _____
televisor(m.) _____   ordenador(m.) _____
sofá(m.) _____   cama(f.) _____
lámpara(f.) _____   armario(m.) _____

CUALIDADES

nuevo / va _____   viejo / ja _____
grande _____   pequeño / ña _____
exterior _____   oscuro / ra _____
claro / a _____   bonito / ta _____

OBJETOS EN EL ESPACIO

detrás _____   delante _____
enfrente _____   al lado _____
en _____   entre _____
dentro _____   fuera _____
a la izquierda _____   a la derecha _____
encima _____   debajo _____

CANTIDADES

demasiado _____   bastante _____
muy _____   poco _____

Lección 5

LUGARES EN LA CIUDAD

hospital(m.) _____
calle(f.) _____
metro(m.) _____
edificio(m.) _____
estación(f.) _____

COMIDA Y BEBIDA

pan(m.) _____   pescado(m.) _____
pollo(m.) _____   queso(m.) _____
fruta(f.) _____   ensalada(f.) _____
agua(f.) _____   vino(m.) _____
arroz(m.) _____   carne(f.) _____
verdura(f.) _____   pasta(f.) _____

Lección 6

NOMBRES DE LAS TIENDAS

carnicería(f.) _____   zapatería(f.) _____
farmacia(f.) _____   panadería(f.) _____
pescadería(f.) _____   frutería(f.) _____
estanco(m.) _____   quiosco(m.) _____
supermercado(m.) _____

COLORES

amarillo /a _____   verde _____
negro /a _____   blanco /a _____
rojo /a _____   azul _____

ENVASES Y MEDIDAS

paquete(m.) _____   bolsa(f.) _____
lata(f.) _____   caja(f.) _____
botella(f.) _____   tetrabrik(m.) _____
cien gramos(m.) _____   quilo(m.) _____
medio quilo(m.) _____   litro(m.) _____

ROPA

abrigo (m.) _____   camisa(f.) _____
camiseta(f.) _____   chaqueta(f.) _____
zapatos(m.) _____   falda(f.) _____
pantalón(m.) _____   vestido(m.) _____

NÚMEROS SUPERIORES A 100

Recuerda que en la primera lección viste números hasta 100. En la lección 6 verás los números a partir del 100. Si quieres verlos todos, consulta el apéndice gramatical §18.

Gramática

ARTÍCULOS §9-§10-§43

Los artículos siempre tienen el mismo género (masculino o femenino) y número (singular o plural) que el nombre. Hay dos clases de artículos:

- Determinados: *el, la, los, las.*
- Indeterminados: *un, una, unos, unas.*

PRONOMBRES §12

Usos de: *lo, la, los, las* para sustituir nombres. Se utiliza una u otra dependiendo de si la palabra a la que sustituye es masculina o femenina y singular o plural.
🗩 *Quería un abrigo.*

🗪 *¿Cómo lo quiere?*

_____

🗩 *¿De qué color quiere la chaqueta?*

🗪 *La quiero azul.*

_____

QUÉ? / ¿CUÁL? §21

Estas dos palabras son útiles para hacer preguntas.

Utilizamos *qué* _____ cuando preguntamos por una información que no sabemos.

¿Qué quieres? _____

Utilizamos *cuál*_____ cuando elegimos entre cosas del mismo ámbito.

Tengo dos camisas, una blanca y otra gris. ¿Cuál prefieres?
_____
_____

ESTE / ESE / AQUEL §17

Estas palabras se utilizan para relacionar un objeto con un lugar o con una persona.

Este relaciona un objeto o persona que está próximo a la persona que habla.

Ese relaciona un objeto o persona con la persona que escucha.

Aquel relaciona un objeto o una persona con una tercera persona.

Pueden ir al lado de un nombre o pueden sustituirlo.
🗩 *Vivo en aquella calle.* _____
🗪 *¿En aquélla?* _____

VERBOS IRREGULARES EN PRESENTE §34-§36-§46

Son grupos de verbos que manifiestan algunas alteraciones de forma.

En presente algunos verbos cambian la *o* por *ue* en todas las personas, excepto *nosotros* y *vosotros*. Por ejemplo, *poder* _____ o *dormir* _____.

Otros verbos cambian la *e* por *ie* en todas las personas, con la excepción de *nosotros* y *vosotros*. Algunos de ellos son *querer* _____ o *preferir* _____.

AQUÍ / AHÍ / ALLÍ §52

En español se distinguen tres espacios. *Aquí* se relaciona con lo próximo a la persona que habla o con lo cercano a ella, *ahí* con lo próximo a la persona que escucha o con lo que está cerca de los hablantes, y *allí* con lo que se considera lejano del **yo** y del **tú**. Esta distinción en tres espacios te ayudará a comprender la diferencia entre *este, ese* y *aquel*.

ORDINALES §19

Estas palabras informan del orden en que aparece algo.

De primero quiero ensalada y de segundo pescado.
_____

Vivo en el primer piso.
_____

Vivo en el tercer piso.
_____

COMPARAR §53-§56

Informar de si una cualidad o una cantidad es superior, inferior o igual a otra.

Puedes comparar cosas por sus cualidades:
Esta falda es más larga que ésa.
_____

También puedes comparar cantidades:
En esta tienda hay menos camisas que en ésa.
_____

O puedes comparar acciones:
Mi hermano come tanto como yo.
_____

En general se puede indicar el grado superlativo con la terminación *–ísimo / a* añadida a un adjetivo:
pequeño ➔ *pequeñísimo* _____

Comunicación

HABLAR DE LA EXISTENCIA DE LAS COSAS

- En la cocina hay una mesa y cuatro sillas.

- 🗩 ¿Hay una estación de metro por aquí cerca?

  🗨 Sí, hay una en la segunda calle a la derecha.

- Hay un gato debajo del coche.

PEDIR Y DAR DIRECCIONES

- 🗩 ¿Dónde está la catedral, por favor?

  🗨 Todo recto y la tercera a la derecha.

- El piso está en el centro de la ciudad.

- 🗩 ¿Para ir a la estación, por favor?

  🗨 Después de esta plaza, la primera a la derecha.

- 🗩 ¿La calle Valencia, por favor?

  🗨 Está aquí mismo, a cinco minutos.

PREGUNTAR EL PRECIO

- ¿Cuánto cuesta?

- ¿Qué precio tiene?

- ¿Cuánto es?

- ¿Me cobra?

- ¿Cómo paga, en efectivo o con tarjeta?

LOCALIZAR EN UN LUGAR

- Las sillas están al lado de la mesa.

- 🗩 ¿Dónde está la cocina?

  🗨 A la izquierda del lavabo.

- El lavabo está a la derecha de la cocina.

PEDIR EN UN RESTAURANTE

- Quiero ver la carta, por favor.

- 🗩 ¿Qué van a tomar?

  🗨 De primero quiero sopa y de segundo carne.

- 🗩 ¿Qué prefiere, carne o pescado?

  🗨 Prefiero pescado.

SOLICITAR UN OBJETO EN UNA TIENDA

- Quería una camisa de algodón de manga larga.

- ¿Tienen sellos?

- ¿Puedo ver ese diccionario?

- Quiero un diccionario de español.

- ¿No tienen otra más grande?

DESCRIBIR OBJETOS

- Unos zapatos negros con poco tacón.

- Una camisa de algodón como ésa.

lección cuatro 4

Ejercicios

¡Hogar, dulce hogar!

¿Qué quieres practicar más?

- Vocabulario de las partes de la casa (1)
- Cómo ubicarte en un espacio interior (2)
- Presente irregular como **dormir → duermo** (3)
- Diferencia entre **hay** y **está** (4, 5)
- Los artículos determinados e indeterminados (6, 7)
- Adjetivos y pronombres posesivos (8, 9)
- Cuantificadores: **demasiado, mucho, bastante, poco**... (10)
- El género del adjetivo (11)
- Pronunciación: las palabras átonas (12)

1 Luis va a ir a Caracas una temporada. Necesita alquilar su piso. Ayúdale a completar el anuncio.

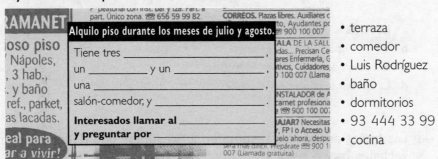

Alquilo piso durante los meses de julio y agosto.

Tiene tres _____ ,

un _____ y un _____ ,

una _____ ,

salón-comedor, y _____ .

Interesados llamar al _____

y preguntar por _____

- terraza
- comedor
- Luis Rodríguez
- baño
- dormitorios
- 93 444 33 99
- cocina

2 ¿Dónde están la alfombra, la lámpara, el sofá y la silla?

encima de
•
al lado de
•
enfrente de
•
entre

a   _La silla está encima de la alfombra_ _____ .

b   _La alfombra_ _____ .

c   _El sofá_ _____ .

d   _La lámpara_ _____ .

3 Coloca en las frases la forma correcta del presente. Recuerda que algunos verbos son irregulares.

a   El niño (desayunar) ___*desayuna*___ en la cocina.

b   El padre (trabajar) _____ en el estudio.

c   Yo (dormir) _____ en el dormitorio con mi hermano.

d   Tú (preparar) _____ la cena en la cocina.

e   El abuelo (descansar) _____ en el sofá.

f   Nosotros (tomar) _____ el sol en la terraza.

g   Yo ya no (poder) _____ subir las escaleras.

h   La vecina (hablar) _____ con el abuelo en la terraza.

i   Yo (aparcar) _____ el coche en el garaje.

j   Ana (guardar) _____ la comida en la nevera.

k   Yo no (recordar) _____ dónde están las llaves.

4a Completa las frases siguientes con las formas verbales **hay** o **está (n)**.
Los artículos en negrita te pueden ayudar.

a **La** nevera __está__ en la cocina.

b _____ **una** planta en el salón.

c **El** ordenador _____ en el estudio.

d **La** lámpara _____ en el pasillo.

e _____ **una** cama en el dormitorio.

f **La** mesa y **las** sillas _____ en el salón.

g **El** microondas _____ en la cocina.

h En la habitación _____ **un** armario.

4b Las frases anteriores responden a preguntas que tienen las formas
verbales **hay** o **está**.
¿Puedes escribir las preguntas adecuadas?

a ___¿Dónde _está_ la nevera?_____

b ___¿Qué _hay_ en el salón?_____

c _____

d _____

e _____

f _____

g _____

h _____

5 Ahora, completa los diálogos con las formas verbales **hay** o **está (n)**.

1 LOLA: ¿Dónde ___hay___ una camisa?

   BEGOÑA: En tu habitación.

   LOLA: ¿Pero dónde ___está___ la camisa? No la encuentro.

   BEGOÑA: En tu armario.

   LOLA: Sí, es verdad. Aquí ___está___ .

2 JULIÁN: ¿Dónde _____ el cenicero?

   ANDREW: Allí _____ uno.

3 BEGOÑA: _____ un cuadro en la pared.

4 LOLA: ¿ _____ la mesa en su sitio?

5 ANDREW: En mi casa, el equipo de música _____ en mi habitación.

6 JULIÁN: ¿ _____ un microondas en esta cocina?

   LOLA: No, el microondas _____ en casa de mi madre.

7 ANDREW: ¿ _____ un ordenador por aquí?

   BEGOÑA: No, el ordenador _____ en mi oficina.

8 ANDREW: Julián dice que el móvil _____ por aquí; ¿ _____ un móvil
   por aquí?

9 BEGOÑA: ¿Dónde _____ las gafas?

   LOLA: Mira en el comedor, allí _____ unas gafas pero no sé si son tuyas.

6a Vamos a completar la tabla de los artículos determinados (**el, la, los, las**). Fíjate bien porque te será muy útil.

Artículo	Nombre	Acaba en	Artículo	Nombre	Acaba en
el	coche estudio dormitorio ordenador balcón	- e - o - or - ón	____	cocina mesa casa terraza nevera	- a
____	coches estudios dormitorios ordenadores balcones	- s - es	____	cocinas mesas casas terrazas neveras	- s

Excepciones: **el** sofá, **el** microond**as**, **la** man**o**, **la** radi**o**, **la** llave.

6b Coloca el artículo determinado que corresponda.

el comedor ____ coche ____ espejos

____ terraza ____ garaje ____ ventanas

____ camas ____ radios ____ cuarto de baño

7a Ahora completa la tabla de los artículos indeterminados (**un, una, unos, unas**).

Artículo	Nombre	Acaba en	Artículo	Nombre	Acaba en
____	armario piso teléfono cuadro coche comedor	- o - e - or	____	silla cama lámpara nevera escalera mesa	- a
____	armarios pisos teléfonos cuadros coches comedores	- s - s - es	*unas*	sillas camas lámparas neveras escaleras mesas	- s

Excepciones: **un** sofá, **un** microond**as**, **una** man**o**, **una** llave.

7b Coloca el artículo indeterminado que corresponda.

una cocina ____ dormitorio ____ plantas

____ armarios ____ ducha ____ puertas

____ libros ____ lámparas ____ sofás

8 **¿Te acuerdas de los adjetivos posesivos?**
Ahora vamos a enseñarte los pronombres posesivos.
Lee estas frases y rellena la tabla, no te asustes y usa la lógica.

1 🗨 ¿Dónde están <u>mis</u> <u>gafas</u>?
   🗨 Ahí, encima de la mesa.
   🗨 No, esas son <u>las</u> <u>tuyas</u>.

2 🗨 <u>Mi</u> <u>dormitorio</u> es muy grande.
   🗨 ¡Qué suerte!, <u>el</u> <u>mío</u> es muy pequeño.

3 🗨 En el pasillo hay <u>un</u> teléfono <u>móvil</u>, ¿es <u>tuyo</u>?
   🗨 No, <u>el</u> <u>mío</u> está en mi casa. Éste es el tuyo.

4 🗨 <u>¿Vuestro</u> ordenador tiene Internet?
   🗨 ¡Qué va!, <u>el</u> <u>nuestro</u> es muy viejo.

5 🗨 ¿Dónde está <u>su</u> <u>casa</u>?
   🗨 Cerca de <u>la</u> <u>tuya</u>, casi sois vecinos.

6 🗨 <u>Nuestra</u> gata tiene cinco años. ¿Y <u>la</u> <u>vuestra</u>?
   🗨 ¡Uf! <u>La</u> <u>nuestra</u> tiene ocho.

Masculino		Femenino	
singular	plural	singular	plural
el *mío*			*mías*
	los *tuyos*	*la* *tuya*	
nuestro		*nuestra*	
	vuestros		*vuestras*
	suyos	*suya*	

9 **Y ahora, ¿puedes completar estas frases?**

1 🗨 **Mi coche** es rojo.
   🗨 Ah, pues ___*el mío*___ es verde.

2 🗨 Mi ordenador es muy antiguo.
   🗨 Ah, pues _____ es moderno.

3 🗨 Mi casa está cerca del centro.
   🗨 Ah, pues _____ también.

4 🗨 Nuestro perro tiene sólo dos años.
   🗨 Ah, ¿sí? Pues _____ tiene tres.

5 🗨 ¿Vuestro teléfono móvil envía mensajes?
   🗨 El _____ no, pero el de Begoña sí.

6 🗨 Tus gafas son muy bonitas.
   🗨 Gracias, _____ también.

10a ¡Las amigas de Julián y Lola estrenan piso!
Hoy hacen la fiesta de inauguración. Lee atentamente este diálogo.

ROSA: ¿Qué os parece el piso?

JULIÁN: Es muy espacioso. ¡Tiene muchas habitaciones! Cuatro, ¿no?

ROSA: Sí, cuatro habitaciones grandes. La cocina es un poco vieja, pero
podemos cocinar. Y siempre comemos en el comedor.

LOLA: ¡El piso parece nuevo!

INMA: Sí, está reformado. Hemos gastado muy poco dinero.

LOLA: Parece muy luminoso, ¿entra el sol?

INMA: Sí, es bastante soleado. Durante el día no encendemos la luz.
Ahorramos mucho en electricidad.

ROSA: Sí, pero ahora que estamos en verano es muy caluroso.
Siempre abrimos el balcón. ¡Veremos si es muy frío en invierno
y necesitamos calefacción!

JULIÁN: Tenéis muchos muebles, ¡qué bien!

ROSA: Sí, nuestras familias nos han ayudado mucho.
Nos faltan pocos muebles por traer.

INMA: Estamos muy bien en este piso, tiene todo lo que necesitamos,
aunque es un poco ruidoso y por las noches es difícil dormir.

¿Recuerdas cómo es el piso? Trata de relacionar la columna A con la columna B.

A	B
espacioso	con luz
amueblado	con ruido
luminoso	con calor
soleado	con muebles
caluroso	con sol
ruidoso	con espacio

10b Vuelve a leer el diálogo anterior y dinos si las características
subrayadas son positivas (+) o negativas (−).

	+	−
Es muy espacioso.	X	☐
La cocina es muy pequeña.	☐	☐
Está reformado.	☐	☐
Parece muy luminoso.	☐	☐
Bastante soleado.	☐	☐
Es muy caluroso.	☐	☐
Es muy frío.	☐	☐
Tenéis muchos muebles.	☐	☐
Estamos muy bien.	☐	☐
Es un poco ruidoso.	☐	☐

11 Escribe en cada frase el adjetivo adecuado.

oscuro	reformado	alegres	grandes
luminoso	ruidosos	céntrica	bonito
~~amplia~~	interesantes	cómodas	pequeña

1 Esta terraza es muy _____amplia_____ , caben muchas plantas.

2 Hay que poner luz en este pasillo porque es muy _____ .

3 ¡Qué árboles! ¡Y qué fuente! Tienes un jardín muy _____ .

4 ¡Aquí no caben los muebles! La sala es demasiado _____ .

5 En este estudio siempre enciendo las luces. Es poco _____ .

6 Y las habitaciones de los niños son muy _____ .
   Tienen mucho espacio para los juguetes.

7 ¡Qué zona más _____ ! Tenéis todos los servicios muy cerca:
   metro, tren, supermercado, bares, cines, restaurantes, teatros.

8 ¡Qué bonito es vuestro piso!
   Los colores de las paredes son muy _____ .

9 El único problema es que los dormitorios son muy _____ .
   Por esta calle pasan muchos coches y hay mucho ruido.

10 Julia, mira qué anuncios más _____ . «Piso en el centro.
   Reformado. 2 habitaciones. Ideal para parejas jóvenes».
   O este otro: «Piso en buena zona. 3 habitaciones».

11 El cuarto de baño está _____ . ¡Está como nuevo!

12 ¡Qué camas más _____ ! ¿Dónde las has comprado?

12 Escucha el audio y completa las frases con las palabras que faltan.

1 ¿Está ___la___ lámpara en ___tu___ habitación?

2 ¿Conoces a _____ familia?

3 Tus padres están _____ lado de _____ coche.

4 _____ televisión está a la derecha de _____ ventana.

5 _____ bolso está encima de la cama.

6 ¿ _____ primo no sabe dónde está _____ quiosco?

7 Encima _____ la mesa hay unas monedas.
   ¿Alguien _____ ha olvidado?

8 ¿Sabes si _____ paraguas está en _____ casa?

Ahora, vuelve a escuchar el audio. ¿Qué diferencia hay entre las palabras que has completado (átonas) y las otras (tónicas)? Señala la respuesta correcta.

Las palabras que he completado tienen una pronunciación suave. ☐

Las otras tienen una pronunciación suave. ☐

5

lección cinco 5

Ejercicios

La aldea global.
¡No te pierdas!

¿Qué quieres practicar más?

- Vocabulario general (**1**)
- Vocabulario de comida (**2, 3**)
- Cómo pedir y dar direcciones (**4, 7, 8**)
- Cómo localizar espacialmente en el exterior (**4, 7, 8**)
- Formas de pedir en un restaurante (**5, 9**)
- Presente irregular como **querer → quiero** (**6**)
- Adjetivos y pronombres demostrativos (**10, 11**)
- Ordinales: **primero, segundo,...** (**12**)
- Pronunciación: los diptongos **ie** y **ue**. (**13**)

1 ¿Puedes clasificar estos nombres y acciones en el cuadro correspondiente?

> pedir el menú • ir de tiendas • pagar la cuenta • flan • ayuntamiento • postre
> visitar la catedral • arroz • segundo plato • hospital • bebida • ~~parque~~
> teatros • pan • cine • escuela • plaza mayor • estación de metro
> tomar la sopa • cliente • comprar

En el restaurante	En la ciudad
	parque

2a ¿Conoces todos estos productos?
Intenta relacionar cada producto con su país.

café ——————→ China
wan-tun ——————→ Colombia
moussaka   México
crêpe   Francia
paella   Italia
frijoles   Grecia
sushi   Brasil
pizza   España
gulash   Estados Unidos
hamburguesa   Japón
feijoada   Hungría

2b Y ahora, escribe la *nacionalidad* de cada producto.

El café es colombiano .
_____ .
_____ .
_____ .
_____ .
_____ .
_____ .
_____ .
_____ .
_____ .

3 Mira estos anuncios y dinos cuáles son sus especialidades.

1 [c]   □ 2

a Tapas
b Marisco
c Pasta
d Vegetariano

3 □   □ 4

4 Mira estos mapas y lee las preguntas.
¿Puedes imaginar las respuestas adecuadas?

1 ¿La parada del 56 está por aquí cerca? 2 ¿Para ir a la estación, por favor?

3 ¿La calle Enamorados, por favor? 4 ¿Sabes si hay un cibercafé por aquí?

Ahora lee estas respuestas y relaciónalas con cada pregunta.

a Todo recto por esta calle. Es la tercera. ¿Ve aquel semáforo? Pues allí. ____ □
b Sí, la primera calle a la derecha y la segunda calle a la izquierda. _____ □
c Detrás de esta calle. _____ [1]
d Recto por esta calle hay una plaza. Allí está el Museo Románico.
Pues enfrente del museo. _____ □

🎧 **5a** Escucha este diálogo e intenta ordenarlo.

☐ CLIENTE: No, quiero vino. El de la casa, ¿es bueno?
☐ CAMARERO: Aquí tiene.
☐ CAMARERO: ¿Quiere postre?
☐ CAMARERO: Aquí tiene.
☐ CLIENTE: Gracias.
☐ CAMARERO: Sí, un flan, por favor.
☐ CLIENTE: De segundo... quiero carne.
[1] CAMARERO: Buenas tardes. ¿Quiere la carta?
☐ CAMARERO: ¿Ya sabe qué quiere de primero?
☐ CLIENTE: Sí, quiero un plato de pasta.
☐ CAMARERO: A usted.
[2] CLIENTE: Sí, por favor.
☐ CLIENTE: La cuenta, por favor.
☐ CAMARERO: Muy bien, y ¿de segundo?
☐ CLIENTE: Muchas gracias.
☐ CAMARERO: ¿Quiere agua para beber?
☐ CAMARERO: Sí, muy bueno.

🎧 **5b** Escucha otra vez y contesta a estas preguntas.

1 El cliente pide __un plato de pasta__ , _____ ,
_____ y _____ .

2 El cliente usa un verbo para pedir, ¿cuál? _____ .

6 Los verbos **entender** y **pensar** tienen la misma irregularidad
que **querer**. ¿Puedes completar este cuadro
y señalar las letras irregulares?

	Entender	Pensar
yo	entiendo	
tú		piensas
él/ella/usted		
nosotros/as		pensamos
vosotros/as		
ellos/ellas/ustedes		

Ahora ya sabes que:

• La **e** se transforma en ____ en la _____ , __segunda__ y _____
personas del __singular__ , y en la _____ persona del _____ .
• La **e** no cambia en la __primera__ y _____ personas del _____ .

 7 Después de escuchar estas conversaciones, ¿podrías completar las direcciones en el cuadro?

	Calle	Número	Piso	Puerta	Código postal
1	*Serrano*				
2					
3					
4					

8 ¿Dónde está el restaurante vasco? Ordena las instrucciones.

   1   **a**   No está lejos. A cinco minutos.

  ☐   **b**   Hay un hotel en una esquina.

  ☐   **c**   Todo recto, el primer semáforo a la izquierda.

  ☐   **d**   En la plaza hay un teatro.

  ☐   **e**   Enfrente del teatro, a la izquierda, está el restaurante.

  ☐   **f**   Después del hotel hay una plaza.

9 Intenta completar el siguiente diálogo con el nombre de los platos y el verbo indicado entre paréntesis.

> paella • carne • fruta • pescado • tarta

1 🗨 Yo de primero (QUERER) _____ . Y tú, ¿qué (QUERER) _____ de segundo?

2 🗨 (QUERER, yo) _____ .

3 🗨 ¿Y tú qué (PREFERIR) _____ o _____ ?

4 🗩 Creo que (PREFERIR) _____ .

5 🗨 ¿Qué (QUERER, ustedes) _____ de postre?

6 🗨 (QUERER, yo) _____ .

7 🗨 Pues yo creo que voy a tomar un trozo de _____ .

10a Observa qué ocurre con algunos demostrativos:

🗨 ¡Mira, **esta calle** se llama Enamorados!

🗨 ¿Y cómo se llama **ésta**?

🗨 Yo vivo en **ese edificio**.

🗨 ¿En cuál, **ése** tan viejo?

🗨 **Aquel monumento** es el Palacio Real.

🗨 ¿**Aquél** tan grande?

Ahora, ¿puedes completar estos diálogos con la ayuda de los cuadros?

este • esta • estos • estas	éste • ésta • éstos • éstas
ese • esa • esos • esas	ése • ésa • ésos • ésas
aquel • aquella • aquellos • aquellas	aquél • aquélla • aquéllos • aquéllas

1 🗨 Mira, aque_lla_____ farmacia es la más antigua de la ciudad.

  🗨 ¿Cuál, _____ de la esquina?

2 🗨 El libro que buscas está **ahí** en es_____ mesa.

  🗨 ¿En _____ que está al lado de la ventana?

3 🗨 ¿Están cerca _____ cines que están señalados aquí?

  🗨 No, _____ están lejos, en el barrio de Parquesol.

4 🗨 ¿E_____ edificios de ahí son oficinas?

  🗨 No, _____ son hoteles.

5 🗨 ¿Es de **aquí** e_____ silla?

  🗨 Sí, _____ siempre está en la habitación.

6 🗨 ¿Est_____ cabinas de teléfono funcionan con monedas?

  🗨 Sí, _____ funcionan con tarjetas y monedas, pero aqué_____ dos, sólo con tarjetas.

7 🗨 ¿Dónde está aquell_____ iglesia tan famosa?

  🗨 Mira, es _____ de **allí**. ¿La ves?

10b En los diálogos 2, 5 y 7 aparecen los adverbios **ahí**, **aquí** y **allí**. ¿Con qué dibujos relacionas cada uno de ellos?

 a

 b

 c

¿Con qué adverbio se relacionan el resto de los diálogos?

1 ___ _allí_ ___   4 _____

3 _____   6 _____ y _____

11 Ahora, ¿puedes escribir la forma correcta?

1 ¿Le gusta est_e___ vino?

2 ¿Quién es es_____ señora de ahí?

3 ¿Cómo se llama aquell_____ actriz?

4 Me gustan mucho est_____ edificios modernistas.

5 ¿Son tuyas es_____ cintas de vídeo de ahí?

6 ¿Cuánto cuestan est_____ entradas?

12 ¿Recuerdas los ordinales? ¡Perfecto!, ya puedes completar estas frases.

1 El *Himno a la Alegría* es la _novena___ sinfonía de Beethoven.

2 La medalla de oro es para el _____ , y la de plata para el _____.

3 La Biblia dice que Dios descansó el _____ día.

4 La _____ vez que haces algo es la más difícil.

5 *Alien* era el _____ pasajero.

6 El _____ hombre que piso la Luna se llamaba Neil Amstrong.

7 Por las mañanas, _____ desayuno y luego me ducho.

13a Completa las palabras después de escuchar el audio.
Fíjate cómo se pronuncian los diptongos ie y ue.
¡Qué bien lo hace Antonio! Intenta imitar su pronunciación.

1 ☺ No ent_ie_ndo qué dice, no p____do oír nada.

2 ☻ ¿Rec____rdas dónde está la estación de metro?
   ☺ Un momento, que lo p____nso. ¿Al lado de la esc____la?

3 ☻ ¿Qu____res una tapa de jamón?
   ☺ No, pref____ro una tapa de queso y h____vos con mayonesa.

4 ☺ ¿En qué habitación d____rmes?

5 ☺ Si p____des, compra s____te botellas de leche, por favor.

6 ☻ ¿Está lejos tu oficina?
   ☺ No, de mi casa a la oficina hay s____te minutos a p____.

7 ☺ ¡Mira el p____rto! Veo d____cin____ve barcos.

13b ¡Escucha de nuevo el audio!
Ahora sólo subraya la sílaba de mayor intensidad.

No entiendo ... no puedo... • Recuerdas ... que lo pienso ... de la escuela • Quieres ... prefiero una... • duermes • Si puedes ... siete ... a pie • el puerto ... diecinueve.

lecciónseis6

Ejercicios

¡De compras!

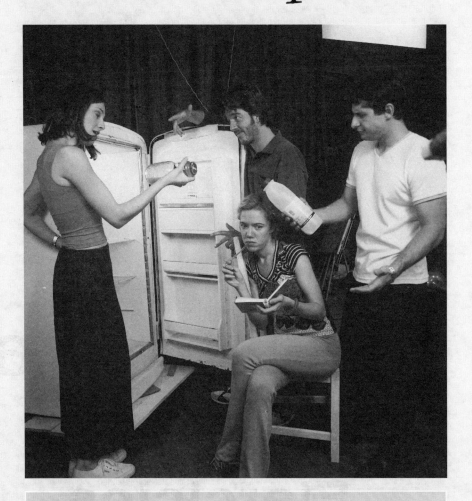

¿Qué quieres practicar más?

- Vocabulario de tiendas (**1, 2**)
- Cómo comprar en una tienda (**3, 4**)
- Descripciones de objetos (**5**)
- Envases, pesos y medidas (**6**)
- Diferencia entre **¿cuál?** y **¿qué?** (**7**)
- Cómo hacer comparaciones (**8, 9**)
- Pronombres de complemento directo:
  lo, la, los, las (**10, 11, 12, 13**)
- Números (**14, 15**)
- Pronunciación: las entonaciones interrogativas (**16**)

1 ¿Dónde puedes comprar estos productos? Relaciona los productos de la columna A con las tiendas de la columna B.

A	B
medicamentos	pastelería
sobres y sellos	zapatería
vino	frutería
sandalias	estanco
perfume	panadería
rosas	librería
manzanas	farmacia
pan	bodega
pasteles	perfumería
libros	floristería

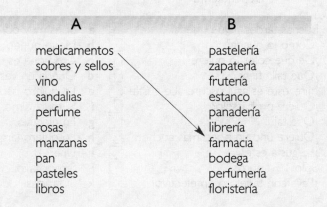

2 ¿Sabes de qué tiendas se trata?
Busca en el cuadro las tiendas adecuadas.

floristería • ~~droguería~~ • quiosco • joyería • tienda de fotos

1 Un ramo de flores lo puedes comprar en la _____ .
2 Una botella de detergente la puedes comprar en la _*droguería*_____ .
3 Un periódico lo puedes comprar en el _____ .
4 Un anillo lo puedes comprar en la _____ .
5 Un carrete de fotografía lo puedes comprar en la _____ .

3 ¿Puedes completar las frases con las palabras del cuadro?

quería • talla • vale • los • ~~prefieres~~ • cuesta • las

a 🗨 ¿Cuál _*prefieres*_ , la camisa ancha o la estrecha?
b 🗨 ¡No sé que hacer! ¿Compro las gafas o no _____ compro?
c 🗨 ¿Qué quiere?
    🗨 _____ unos zapatos y unas botas.
d 🗨 ¿Cuánto _____ el traje?
    🗨 _____ 63 euros.
e 🗨 ¿Qué _____ tiene?
    🗨 La 44.
f 🗨 Hola, quiero unos pantalones vaqueros.
    🗨 Muy bien, ¿cómo _____ quiere?

4 ¡Haz corresponder las preguntas con las respuestas!

Dependiente		Comprador
1 Buenas tardes. ¿Qué quería?	d	a Sí, es muy bonito.
2 ¿Cómo lo quería?	☐	b Me lo quedo.
3 ¿De qué color lo quiere?	☐	c Creo que es un poco estrecho.
4 ¿Qué talla tiene?	☐	d Quería un vestido.
5 Mire, éste es azul oscuro. ¿Le gusta?	☐	e Lo quiero oscuro, pero no negro.
6 ¿Quiere probárselo?	☐	f Sí, muchísimo, ¿cuánto cuesta?
7 ¿Qué tal?	☐	g En efectivo.
8 ¿Quiere uno un poco más ancho?	☐	h Lo quiero largo y de seda.
9 ¿Le gusta éste?	☐	i Una 40.
10 Sólo 154 euros.	☐	j Sí, por favor.
11 ¿Paga con tarjeta o en efectivo?	☐	k Sí, gracias.

5 Estas conversaciones tienen lugar en tiendas diferentes. ¿Sabes de qué están hablando?

unos zapatos de tacón	☐	un jersey	☐
un bolso de piel	☐	un perfume	☐
una falda larga	1	una chaqueta amarilla	☐

6 ¿Qué hay en los dibujos?

> un kilo • una botella • una docena • medio kilo • una lata • un paquete

MANZANAS

a

un kilo de manzanas

PLÁTANOS

b

ACEITE

c

HUEVOS

d

AZÚCAR

e

ACEITUNAS

f

7 Ya conoces los pronombres interrogativos **qué** y **cuál**. Completa estas frases con la forma adecuada.

a 🗨 ¿ _____Qué_____ haces los domingos?
🗨 Veo la televisión.
🗨 ¿ _____ programas?
🗨 Los de animales.

b 🗨 ¿ _____ es tu libro favorito?
🗨 *Cien años de soledad*, de García Márquez.

c 🗨 Yo prefiero los zapatos negros. Y tú, ¿ _____ prefieres?
🗨 Yo, los marrones, son más cómodos.

d 🗨 Yo quiero el menú número 1. ¿ _____ menú quieres tú?
🗨 El número 3.

8a ¿Puedes completar el cuadro de los comparativos y el superlativo a partir de los ejemplos?

1 Los jerséis son **más** baratos **que** las chaquetas.
2 Lázaro es **mayor que** Julián.
3 La chaqueta roja es **tan** bonita **como** la chaqueta verde.
4 La chaqueta azul es **peor que** la roja.
5 La chaqueta verde es **la más** cara.
6 La chaqueta verde es car**ísima**.
7 Begoña es **menos alta** que Lola.

Comparativos				
más	+	baratos	+	_____que_____
_____	+	alta	+	que
_____	+	bonita	+	_____
mayor		+		que
_____		+		que

Superlativo				
el / _____	+	_____	+	caro/a
				car_____

8b ¿Ya está? ¡Perfecto! Ahora, ¿podrías completar estas frases?

a Yo soy _____más_____ alta _____ mi madre.

b Mi hermano Juan es (+) _____ que yo. Él tiene treinta años y yo dieciocho.

c Antonio tiene (-) _____ problemas _____ yo en el trabajo.

d Prefiero el jersey azul porque es (+) _____ barato.

e Mi jefe tiene (=) _____ dinero _____ yo, pero él cree que es (+) _____ rico.

9 **Begoña y Julián compran por Internet.**
¿Puedes completar los diálogos con las palabras del cuadro?

> busco • ~~mejor~~ • baratísima • esa • comprar • más • cuánto •
> qué • que • azul • carísimas

JULIÁN: *El péndulo de hierro* es la __mejor__ tienda de todo México,
a través de Internet.

BEGOÑA: ¡Sí, hombre! ¿Y qué puedes comprar?

JULIÁN: ¡De todo! A ver, ¿tú _____ buscas?

BEGOÑA: Yo, _____ una chaqueta azul.

JULIÁN: Mira, aquí tienes muchas chaquetas.
Ésta amarilla es _____ bonita _____ _____ azul.

BEGOÑA: Ya, pero yo no la quiero amarilla; la quiero _____ .
¿Podemos saber _____ cuesta?

JULIÁN: ¡Claro! ¿En qué divisa quieres el precio?

BEGOÑA: En euros.

JULIÁN: Aquí está el precio, 60 euros, ¿qué te parece?

BEGOÑA: Me parece _____ . ¿Tú no crees que es más barato _____ en
Internet que en una tienda?

JULIÁN: No, por ejemplo las joyas no son baratas.

BEGOÑA: Las joyas son _____ en todos los sitios.

10 **Begoña habla con el dependiente. Lee atentamente**
los dos diálogos.

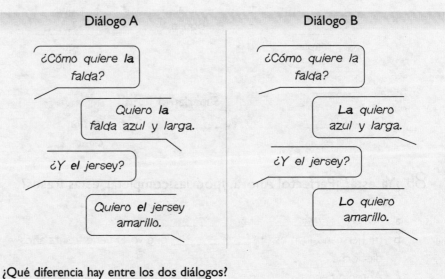

Diálogo A

¿Cómo quiere la falda?

Quiero **la** falda azul y larga.

¿Y el jersey?

Quiero **el** jersey amarillo.

Diálogo B

¿Cómo quiere la falda?

La quiero azul y larga.

¿Y el jersey?

Lo quiero amarillo.

¿Qué diferencia hay entre los dos diálogos?

En el **diálogo** ____ aparecen el artículo y el sustantivo.
En el **diálogo** ____ aparece el pronombre.

11 ¿Puedes completar estos diálogos? Fíjate en las palabras subrayadas y utiliza el pronombre adecuado.

1 El abrigo

💬 ¡Qué bonito!

💬 Sí, aquí todos los abrigos son bonitos.

💬 *¿Lo puedo ver, por favor?*

2 Las faldas

💬 ¡Qué baratas!

💬 Sí, en esta tienda las faldas son muy baratas.

💬 _____

3 Los abrigos

💬 ¡Qué bonitos!

💬 _____
    _____

💬 _____

4 La camisa

💬 ¡Qué barata!

💬 _____
    _____

💬 _____

12 Con todo lo que has visto hasta ahora ya puedes completar este cuadro:

	Masculino		Femenino	
	singular	plural	singular	plural
artículos	el	_____	_____	las
pronombres	_____	los	la	_____

Ahora, ya sabes si son iguales o diferentes.

1 El artículo y el pronombre masculino singular son ___*diferentes*___ .
2 El artículo y el pronombre masculino plural son _____ .
3 El artículo y el pronombre femenino singular son _____ .
4 El artículo y el pronombre femenino plural son _____ .

13 Observa la palabra subrayada.
¿Podrías sustituirla por su pronombre?

a María quiere comprar un coche. María quiere comprar*lo* .

b Mi padre siempre compra la comida muy barata.
Ahora, va a comprar_____ .

c Yo veo las noticias de la tele todas las noches. Ahora, _____ voy a ver.

d Mi hermano toma la sopa caliente. Pero no _____ quiere demasiado caliente, ¿sabes?

e Cada día leo el periódico. Ahora, voy a leer _____ .

f Necesito un periódico para leer las noticias. Ahora, quería leer_____ .

g Mi madre siempre compra la ropa aquí, y _____ limpia en la tintorería.

h En la librería ya tienen la última novela de mi escritor favorito.
Quiero comprar_____ .

i Rosa tiene la moto estropeada, y no _____ utiliza.

14 ¿Puedes rellenar estos cheques? Mira el ejemplo:

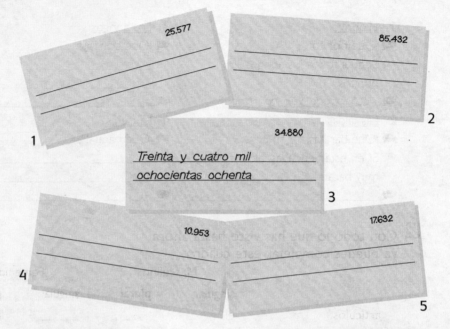

25.577

85.432

1

2

34.880

Treinta y cuatro mil
ochocientas ochenta

3

10.953

17.632

4

5

15 ¿Necesitas cambio? Danos el cambio de las siguientes cantidades:

tabla de cambio

un dólar	⟶	1,3 euros.
una libra	⟶	1,6 euros.
cien yenes	⟶	1 euro.

a Diez dólares *son trece* _____ euros.
b Ciento cincuenta libras _____ euros.
c _____ yenes son diez euros.

16 Escucha la casete y observa la entonación final de la frase.
Escribe al lado de cada frase el símbolo de entonación
ascendente ↗ o descendente ↘.

1 ¿Has visto esa camisa? ↗
2 ¿Cuál es la camisa más barata?
3 ¿Tiene una lavadora más barata?
4 ¿Dónde está la frutería del barrio?
5 ¿Tu coche es más caro que el suyo?
6 ¿Cómo se llama la tienda de fruta?
7 ¿Te parece bonita mi falda?
8 ¿Cuánto cuesta este reloj?
9 ¿Qué precio tiene este abrigo?
10 ¿Me da un paquete de galletas?
11 ¿Cuántos años tienes?
12 ¿Me puedo probar esta chaqueta?

Brújula

bloquetres3

Recuerda que en esta sección te ofrecemos una selección de los recursos lingüísticos más importantes de las próximas tres lecciones. Ya sabes que los encontrarás agrupados en tres apartados:

❋ **Vocabulario**: Selección del vocabulario del bloque.

❋ **Gramática**: Explicación de los principales recursos gramaticales del bloque.

❋ **Comunicación**: Resumen de las funciones comunicativas básicas del bloque.

Si lees estas páginas antes de empezar las lecciones, habrá palabras, estructuras gramaticales y expresiones de funciones comunicativas que ya te resultarán conocidas cuando vayas a trabajar los ejercicios. Observarás que junto a las palabras del vocabulario y a las estructuras comunicativas hemos dejado espacio para que escribas la traducción en tu propia lengua. Así también te pueden servir como lugar de consulta mientras realizas las actividades.

Vocabulario

Lección 7

MOMENTOS EN EL TIEMPO

año _____ mes _____
semana _____ día _____
hora _____ minuto _____
por la mañana _____ por la tarde _____
por la noche _____ al mediodía _____
de madrugada _____

ACCIONES COTIDIANAS

despertarse _____ levantarse _____
acostarse _____ bañarse _____
ducharse _____ lavarse _____
afeitarse _____ peinarse _____
vestirse _____ desayunar _____
comer _____ cenar _____
trabajar _____ limpiar _____
comprar _____

PALABRAS PARA HABLAR DE LAS ACTIVIDADES DEL TIEMPO LIBRE

museo _____ exposición _____
concierto _____ fiesta _____
ópera _____ cine _____
película _____ entrada _____
obra de teatro _____

PALABRAS PARA INDICAR FRECUENCIA

siempre _____ todos los días _____
normalmente _____ una vez al mes _____
a veces _____ casi nunca _____
nunca _____

DÍAS DE LA SEMANA

lunes _____ martes _____
miércoles _____ jueves _____
viernes _____ sábado _____
domingo _____

Lección 8

PARTES DEL CUERPO HUMANO

muelas _____ pie _____
estómago _____ espalda _____
pierna _____ diente _____
mano _____ brazo _____
barriga _____ dedo _____

Lección 9

PALABRAS IMPORTANTES

pedir _____ poder _____ prohibido _____ prestar _____
dejar _____ ayudar _____ apetecer _____ ofrecer _____
enviar _____ cumpleaños _____ quedar con alguien _____

Gramática

VERBOS IRREGULARES §35-§37

Más verbos irregulares en presente.

Hay verbos como *vestir* _____ o *pedir* _____ que cambian la **e** por **i** en todas las personas del presente, excepto en las formas de *nosotros* y *vosotros*.

Otro grupo de verbos, como *hacer* _____, *poner* _____ o *salir* _____, tiene la terminación -**go** en la persona *yo*.

Algunos presentan estas irregularidades que te acabamos de explicar a la vez.

CONSTRUCCIONES CON VERBOS §41

Construcciones de dos formas verbales:
Hay que + infinitivo
Hay que estar en el aeropuerto una hora antes.

[tener] + QUE + infinitivo
Tengo que estudiar para el examen.

[poder] + infinitivo
¿Puedes abrir la puerta, por favor?

IMPERATIVO §33-§50

Sólo se utiliza en las personas *tú*, *usted*, *ustedes* y *vosotros*.

Cuando tiene que aparecer un pronombre, éste se une al verbo por el final y forma una única palabra.

(Mirar la foto) _____
Mírala ._____

PRETÉRITO PERFECTO §23, §24, §28, §32, §40 Y §49

Este tiempo verbal lo utilizarás para referirte al pasado. Se construye con el presente del verbo *haber* _____ y un participio.

Aprenderás a usarlo con estas palabras:
ya _____   todavía no _____
alguna vez _____   nunca _____

PARTICIPIO §28-§40

Se forma sustituyendo las terminaciones -**ar**, -**er**, -**ir** del infinitivo por la terminación -**ado**, -**ido**.

CONSTRUCCIONES CON PRONOMBRES §45

Verbos como *gustar* _____, *interesar* _____, o *encantar* _____ tienen una construcción especial porque siempre aparece el pronombre (*me, te, le, nos, os, les*) al que se refiere la persona que experimenta la sensación.

Para enfatizar de qué persona se trata ponemos delante: *a mí, a ti, a él, a nosotros, a vosotros, a ellos*, o el nombre propio de la persona o personas referidas.

Cuando va acompañado de un nombre en singular (*cine*) o de un verbo en infinitivo (*ir*), el verbo aparece en tercera persona del singular,

A mí me gusta el cine.
_____

A nosotros nos gusta ir al cine.
_____

Cuando el verbo está acompañado de un nombre en plural (*películas*), aparece en tercera persona del plural.

A mí me gustan las películas de terror.
_____

Se puede indicar la intensidad de la sensación, excepto con el verbo *encantar*.

A mí me gustan mucho las películas de terror.
_____

Me encanta el chocolate.
_____

VERBOS PRONOMINALES §13

Hay un grupo de verbos, como *acordarse* _____ *ducharse* _____, o *vestirse* _____ o *acostarse* _____, que se conjugan con un pronombre que normalmente va delante del verbo.

GERUNDIO §28, §38, §39 Y §41

Se forma sustituyendo las terminaciones -**ar**, -**er**, -**ir** del infinitivo por la terminación -**ando**, -**iendo**.

En presente, para hablar de las cosas que están pasando en el mismo momento en que se habla, usamos la estructura estar + gerundio.

Estoy jugando con el ordenador.
_____

Comunicación

PEDIR Y DAR LA HORA §51

- 🗨 ¿Qué hora es?

- 🗨 ¿Tiene hora, por favor?

- 🗭 Son las cuatro.

- 🗭 Son las cuatro y cuarto.

HABLAR DE HORARIOS

- 🗨 ¿A qué hora empieza la película?

  🗭 A las seis y media.

ACCIONES HABITUALES

Hablar de acciones habituales:
ESTRUCTURAS CON PRESENTE DE INDICATIVO:

- 🗨 ¿A qué hora **sales** del trabajo?

  🗭 Casi siempre **salgo** a las doce menos cuarto de la noche.

- A las nueve compro en el supermercado y después limpio un poco la casa.

CUANDO SE HABLA §41

ESTRUCTURA CON estar + gerundio:
- 🗨 Lola está preparando la comida.

OFRECER AYUDA §41

- ¿Puedo ayudarte?

HABLAR DE GUSTOS §45

ESTRUCTURA CON LOS VERBOS gustar, encantar, etc:
- ¿Te ha gustado el libro?

EXPRESAR ACUERDO §25

- 🗨 Me gusta mucho la paella.

  🗭 A mí también.

EXPRESAR DESACUERDO §25

- 🗨 Me gusta mucho la paella.

  🗭 **A mí no.**

HABLAR DE DOLOR

ESTRUCTURA CON EL VERBO doler:
- Me duelen las muelas.

- Me duele un poco la cabeza.

HABLAR DE SI SE HA HECHO UNA ACTIVIDAD

- 🗨 ¿No has ido nunca al dentista?

  🗭 Sí, una vez.

EXPRESAR DE FORMA IMPERSONAL COSAS OBLIGATORIAS

ESTRUCTURA hay que + infinitivo:
- **Hay que limpiar** la casa.

EXPRESAR DE FORMA PERSONAL COSAS OBLIGATORIAS §41

ESTRUCTURA tener que + infinitivo:
- **Tengo que hacer** muchas cosas.

HABLAR DE COSAS QUE ESTÁN O NO PERMITIDAS §41

- Oye, ¿se puede fumar?

- No se puede fumar en el cine.

PEDIR PERMISO §41

- ¿Puedo usar tu diccionario?

- ¿Puedes abrir la ventanilla?

EXPRESAR CONDICIONES §65

ESTRUCTURA CON si + presente indicativo:
- **Si** no **puedes** comprar el pastel, avísame y lo compro yo.

7

lección siete 7

Ejercicios

Despierta, despierta.
Los días y las horas

¿Qué quieres practicar más?

- Cómo hablar de acciones habituales (**1, 2, 3**)
- Pedir y dar la hora (**4**)
- Verbos pronominales como **acostarse, vestirse...** (**5, 6**)
- El presente irregular de verbos como **vestir → visto,
  salir → salgo** (**7, 8**)
- La expresión **estar + gerundio** (**9, 10, 11**)
- Referencias temporales como **por la tarde,
  después de**, etc. (**12**)
- Expresiones que indican frecuencia: **normalmente, muchas
  veces**, etc. (**13**)
- Pronunciación: **r** y **rr** (**14**)

1 Después de escuchar cómo estas dos personas hablan de su vida cotidiana, ¿puedes relacionar la foto con cada texto?

texto _____   texto _____

2 ¿Por qué no pones el verbo en la forma correcta?

a A veces (IR, yo) ___voy___ al gimnasio.

b Una vez al mes (CORTARSE, él) _____ el pelo.

c Todos los días (COMER, nosotros) _____ verdura.

d ¿Nunca (VER, tú) _____ la televisión?

e Muchas veces (VER, yo) _____ a Pedro por la calle.

f Casi nunca (ESTUDIAR, vosotros) _____ por las tardes.

g Siempre (LLAMAR, ellas) _____ a mi madre después de comer.

3 Formula la pregunta adecuada para cada respuesta.

¿cuántas veces...? • ¿cuándo...? • ¿a qué hora...? • ¿dónde...?

a ¿ _Dónde comes normalmente_ ?

  Normalmente en un restaurante.

b ¿ _____ ?

  Voy al gimnasio dos veces a la semana.

c ¿ _____ ?

  Voy al cine una vez al mes.

d ¿ _____ ?

  Se levantan a las siete todos los días.

e ¿ _____ ?

  Se ducha por la noche, antes de cenar.

f ¿ _____ ?

  Cenamos casi siempre a las nueve.

4 ¿Qué hora es?

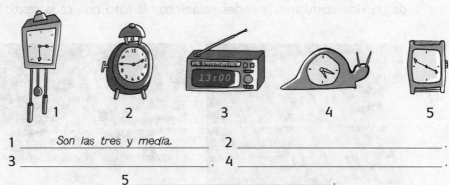

1   2   3   4   5

1 ___Son las tres y media.___   2 _____ .
3 _____ .   4 _____

5 _____ .

5 Mira las imágenes. ¿Qué hacen?
Coloca el verbo adecuado debajo del dibujo correspondiente.
Intenta fijarte en la diferencia de significado entre los verbos.

1   2   3   4

Ella se levanta.   _____   _____   _____

5   6   7   8

_____   _____   _____   _____

levantar • afeitarse • vestir • acostarse • afeitar • vestirse • acostar • ~~levantarse~~

6 ¿Podrías escribir una frase para cada verbo?

1   peinar / peinarse: ___Yo me peino y después peino a mi hermana.___
2   bañar / bañarse: ___Nosotros_____ al perro.
3   levantar / levantarse: ___Mi hija_____ su hermano.
4   despertar / despertarse: ___Mi hijo_____ mi hija.

7 Estas frases tienen el verbo en infinitivo. ¿Te animas a conjugar cada uno de los verbos?

1 🗨 ¿(SALIR, tú) _____ *sales* _____ normalmente por la noche?
🗨 No, sólo (SALIR, yo) _____ *salgo* _____ los jueves y los viernes.

2 🗨 ¿Dónde (PONER, tú) _____ este jarrón?
🗨 ¿Cuál? ... ¡Ah! Ése lo (PONER, yo) _____ encima de la mesa.

3 🗨 ¿(PEDIR, nosotros) _____ una tapa de jamón?
🗨 Sí, ahora la (PEDIR, yo) _____ .

4 🗨 María (VESTIRSE, ella) _____ muy deprisa.
🗨 Yo nunca consigo (VESTIRSE) _____ tan rápido.

5 🗨 Begoña nunca (PONER, ella) _____ la lavadora; siempre la
(PONER) _____ yo.

6 🗨 (SALIR, yo) _____ de la biblioteca a la misma hora que
vosotros (SALIR) _____ de trabajar.

7 🗨 Perdona, ¿qué (DECIR, tú) _____ ?
🗨 Nada, no (DECIR, yo) _____ nada.

8 Aquí tienes más frases. ¿Por qué no las completas?

1 🗨 Antes de salir de casa (HACER, yo) _____ *hago* _____ la cama cada día.
🗨 Yo también la (HACER) _____ *hago* _____ siempre, pero mi hermano no la
(HACER) _____ nunca.

2 🗨 Hoy (TENER, yo) _____ mucho trabajo. A las doce,
una reunión con el equipo directivo, y a las seis, otra con el nuevo
empleado.
🗨 ¿Siempre (TENER, tú) _____ la agenda tan llena?

3 🗨 Mi hermana pequeña siempre (REPETIR, ella) _____
lo que yo digo.
🗨 Es normal, los niños pequeños (REPETIR, ellos) _____
lo que dicen sus padres, sus hermanos...

4 🗨 ¡Mira, un perro nos (SEGUIR) _____ !
🗨 Pobre, los perros (SEGUIR) _____ a la gente cuando no tienen
dueño.

5 🗨 ¡Qué niño más gracioso!
🗨 Sí, en casa todos (REIRSE, nosotros) _____ mucho con él.

6 🗨 ¿Siempre (DECIR, tú) _____ la verdad?
🗨 Sí, claro. Nunca (DECIR) _____ mentiras.

9 Alfredito, el sobrino de Julián, es muy travieso.
¿Puedes escribir qué <u>está haciendo</u> en cada uno de estos dibujos?

lavar • pintar • saltar • comer • jugar • correr

 1

 2

 3

Está jugando.

 4

 5

 6

10 ¿Sabes qué están haciendo? Completa las frases y descúbrelo.

1 Pero ¿qué haces? ¡Vamos! Es muy tarde.

¡Un momento! Que (HACER, yo) _estoy haciendo_ la cama.

2 Papá, vamos a jugar.

Espera, por favor, que (COMER, nosotros) _____ .

3 (DESAYUNAR, nosotros) _____ antes de ir a trabajar,
porque después no tenemos tiempo de nada.

4 ¿Pero qué (HACER, tú) _____ ? ¡Son las nueve y media!
Nos esperan en el restaurante a las diez.

¡(DUCHARSE, yo) _____ ! Salgo en diez minutos.

5 ¿Y los niños? ¿Dónde están?

En su habitación. (ESTUDIAR, ellos) _____ porque mañana
tienen un examen.

6 La tele está muy alta y Alberto (DORMIR) _____ .

¡Anda ya! Pero si (LEER, él) _____ .

7 Los ministros de los dos países (NEGOCIAR) _____ para
llegar a un acuerdo.

11 ¿Por qué no escribes el número del diálogo al lado de la foto correspondiente?

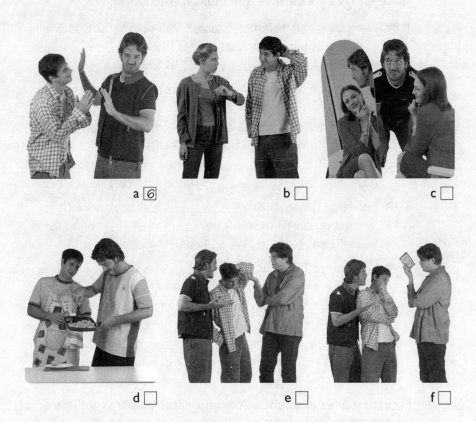

a 6   b □   c □

d □   e □   f □

12 Begoña cuenta a una amiga sus actividades diarias, ¿quieres saber qué hace? ¡Intenta completar el diálogo con las palabras del cuadro!

por la tarde • después de • al mediodía • antes de • ~~durante~~
desde • hasta

LOLA: Begoña, ¿tú cómo lo haces?

BEGOÑA: ¿Cómo hago qué?

LOLA: Bueno, tú siempre tienes tiempo para todo.

BEGOÑA: Uy, no, no, qué va. Mira, _durante_ el día hago muchas cosas: _____ desayunar voy a trabajar.

Estoy allí _____ las nueve y media _____ las dos. _____ no voy a casa a comer. _____ , voy al gimnasio. Y _____ ir al teatro, voy a comprar al supermercado. Como ves, ¡no tengo tiempo para nada!

LOLA: Como yo.

13 Contempla las frases con la forma de los verbos entre paréntesis. Fíjate en las expresiones que indican frecuencia.

1 🗨 Oye, Lola. ¿Tú (VENIR) ___vienes___ normalmente al gimnasio?

🗨 Sí, dos veces por semana. Los martes (NADAR) _____ y los jueves (JUGAR) _____ al tenis con alguna amiga.

2 🗨 ¿Los fines de semana (HACER, vosotros) _____ algo especial?

🗨 Uy, no. Los sábados por la mañana (IR, nosotros) _____ al mercado a comprar. Por la tarde o (SALIR) _____ a pasear o (VISITAR) _____ a la familia. Los domingos (LEVANTARSE) _____ tarde y descansamos.

3 🗨 Esta tarde (IR, nosotros) _____ al cine, ¿vienes?

🗨 Vaya, no puedo; (TRABAJAR, yo) _____ por las tardes. Sólo (IR, yo) _____ al cine el fin de semana.

4 🗨 Juan, ¿dónde (COMER, tú) _____ los días laborables? ¿En casa o en la oficina?

🗨 Normalmente, en algún bar o restaurante cerca del trabajo porque no (TENER) _____ mucho tiempo. Por eso, los fines de semana (QUEDARSE) _____ en casa y (COMER) _____ bien.

14 Escucha cómo pronuncia Antonio estas palabras y fíjate en el sonido de la letra **r**.

rojo	correr	caro
rosa	correcto	literatura
ropa	terraza	catorce
rubio	correos	tercero
		trece
		primero

Vuelve a escuchar y observa que en unas palabras tiene un sonido suave y en otras palabras tiene un sonido más fuerte porque la lengua vibra más veces.
¿Cuándo suena fuerte y cuándo suave? Intenta completar la frase.

La **r** tiene sonido fuerte al _____inicio_____ de palabra (por ejemplo, rojo) y cuando se escribe con dos _____ (por ejemplo, correr).
La **r** tiene sonido suave _____ dos vocales (por ejemplo, caro), al _____ de sílaba (por ejemplo, catorce) o _____ de consonante (por ejemplo, trece).

lecciónocho8

Ejercicios

Y tú... ¿qué opinas?

¿Qué quieres practicar más?

- Expresar gustos, sensaciones y opiniones **(1)**
- Formas para manifestar acuerdo y desacuerdo: **también**, **tampoco**, **a mí sí**, **a mí no** (2, 3, 4)
- El uso de **ya** y **todavía no** (5)
- Pretérito perfecto (6, 7)
- Expresar sensaciones físicas y de dolor **(8)**
- Partes del cuerpo **(8)**
- Construcciones con pronombres (9 y 10)
- Diferencia entre **ser** y **estar** (11)
- Pronunciación: la entonación exclamativa (12)

1 Intenta completar estos diálogos con la ayuda de los cuadros. ¿Por qué no dices si las personas que hablan están de acuerdo o en desacuerdo? Fíjate en las palabras en negrita.

1 🗨 Oye, Andrew, ¿ _____te gustan_____ las películas históricas?

🗨 Sí, _____me gustan_____ . ¿Y a ti?

🗨 También. En el cine Coliseum dan una película buenísima. ¿Por qué no vamos a verla?

🗨 **Muy bien**. No _____ ir al cine solo y siempre voy con mis amigos, pero a ellos _____ más las películas de acción.

☒ ☐ | me~~gustan~~ • les gustan • me gusta • ~~te gustan~~ |

2 🗨 ¿Conoces el nuevo restaurante mexicano de la calle Zamora?

🗨 No, ¿y tú?

🗨 Sí, _____ mucho la comida mexicana.

🗨 Pues a mi novio y a mí **también** _____ . Conocemos otro restaurante buenísimo muy cerca de aquí. Podemos ir hoy al restaurante que conoces tú y mañana al que conozco yo.

☐ ☐ | nos gusta • me gusta |

3 🗨 Antonio. ¿A ti _____ la ópera?

🗨 Sí, mucho, _____ . ¿Por qué?

🗨 Porque **a mí no**, _____ y tengo dos entradas gratis. ¿Las quieres?

☐ ☐ | me encanta • me aburre • te gusta |

4 🗨 Tenemos que ver la última exposición del Museo Picasso.

🗨 Bueno, pero Picasso no _____ mucho. _____ más la pintura del siglo XVI.

🗨 Pues **a mí no**, prefiero Picasso.

☐ ☐ | me interesa • me gusta |

5 🗨 ¿Por qué no compras entradas para ver *El verdugo*? _____ esa obra de teatro.

🗨 A mí no, ese tipo de teatro _____ . No _____ nada.

☐ ☐ | me aburre • me encanta • me gusta |

2 Y tú, ¿qué opinas? Reacciona ante las frases siguientes:

> a mí sí • a mí tampoco • a mí no • a mí también

1 Me gusta ir al cine. _____ (de acuerdo)

2 No me gusta nada el fútbol. _____ (de acuerdo)

3 Me gustan las películas de terror. _____ (en desacuerdo)

4 No me gustan los caramelos. _____ (en desacuerdo)

3 ¿Por qué no pones una señal al lado de los diálogos incorrectos? Después, escribe las respuestas correctas.

[X] 1 🗨 ¿Has comido croquetas
        alguna vez?
     🗨 Yo sí. ¿Y tú?
     🗨 Yo tampoco. _Yo también_

[ ] 2 🗨 ¿Has estado
        alguna vez en Asturias?
     🗨 Yo sí. ¿Y tú?
     🗨 Yo también. _____

[ ] 3 🗨 ¿Has oído el último disco
        de Ricky Martin?
     🗨 Sí.
     🗨 Yo también. _____

[ ] 4 🗨 ¡No tengo aspirinas!
     🗨 Yo tampoco. _____

[ ] 5 🗨 ¿Todavía no has visto
        a mis padres?
     🗨 No.
     🗨 Yo también. _____

[ ] 6 🗨 ¡Me he olvidado
        el paraguas en el restaurante!
     🗨 Yo también. _____

[ ] 7 🗨 ¿Quién quiere ir a comprar?
     🗨 Yo no.
     🗨 Yo también. _____

4 ¿Puedes completar el diálogo con ayuda de las palabras del cuadro?

> también • tampoco

🗨 ¿Cuándo habéis llegado vosotros de México?

🗨 Esta mañana. ¿Y tú cuándo te vas?

🗨 El lunes. Pero cuenta, cuenta... ¿te ha gustado?

🗨 Mucho, aunque la comida era muy picante, y a mí no me gusta ese tipo de comida. ¿A ti te gusta?

🗨 No, no, a mí _____ . ¿Qué opina tu mujer?

🗨 A ella le encanta el picante.

🗨 ¿Ah sí? Pues a la mía _____ . ¡Comemos comida mexicana cada mes!

🗨 ¡Lo siento!

🗨 Sí, sí, ya... ¿Y tus hijos también comen picante?

🗨 Sí. ¡A ellos _____ les gusta mucho!

🗨 Bueno, bueno, ¿y el tiempo qué tal?

🗨 Bien, muy bien. Mucho calor; a mí me encanta el calor. ¡No me gusta nada el frío!

🗨 Creo que tú y yo somos muy parecidos. A mí _____ me gusta el frío.

5 Ésta es la agenda de la madre de Begoña. ¿Podrías escribir frases con lo que ha hecho ya (✓) y con lo que todavía no ha hecho?

CITAS IMPORTANTES

✓ Llamar al señor Rodríguez.
  Hacer las fotocopias para Pedro.
✓ Escribir la carta a SEPRISA.
✓ Enviar el correo.
  Buscar en Internet direcciones sobre comercio.
✓ Decir en la reunión su opinión sobre el nuevo proyecto.
  Mirar los nuevos ordenadores.
  Poner en orden el escritorio.
✓ Ver el último informe.
  Enviar el proyecto al jefe.

Ya ha hecho	Todavía no ha hecho
Ya ha llamado al señor Rodríguez	.
	.
	.
	.

6 Completa la carta de Lola con los verbos del cuadro en el mismo tiempo del ejemplo.

> hacer • venir • enamorarse • vivir • conocer • viajar • gustar
> ~~conocer~~ • hacer • salir • venir

Querida amiga, aquí todo sigue igual de bien. _He conocido_ a unos chicos estupendos y por fin ya _____ a vivir conmigo a mi piso. Somos cuatro para compartir el piso: Andrew es de Los Ángeles, Julián _____ desde México, Begoña _____ siempre en Bilbao. Pero en realidad te envío esta carta para contarte que _____ a un chico fantástico. Sí, ya sé que pensarás que es muy rápido, pero esta vez creo que me _____ de verdad.

¡Julián es el hombre de mi vida! A él siempre le _____ el teatro. _____ espectáculos por las calles de ciudades de medio mundo, y ahora está aquí para mejorar su formación. Yo no _____ tanto como él, pero ya sabes que me encanta. Él me ayuda con los reportajes que _____ de los países latinoamericanos. Todavía, no _____ juntos a cenar, pero lo hemos pensado.

En la próxima carta te cuento más.

7 ¿Puedes completar estas frases con el verbo en el tiempo del ejemplo?

1 🗨 Pedro, ¿ya (HACER, tú) _____*has hecho*_____ los deberes?

   🗨 Sí. Papá me (AYUDAR) _____ con algunos ejercicios, y ya (TERMINAR) _____ .

2 🗨 ¿Qué tal la película? ¿Os (GUSTAR) _____ ?

   🗨 A mí sí, muchísimo. Me (PARECER) _____ muy interesante, pero Juan (ABURRIRSE) _____ un poco.

3 🗨 ¿Ya (IRSE, ellos) _____ al concierto de Ketama?

   🗨 Sí, (SALIR) _____ de casa a las nueve. Primero (RECOGER) _____ a unos amigos y después (IRSE) _____ juntos.

4 🗨 Luis, ¿ya (ORDENAR) _____ tu habitación?

   🗨 Sí, la (ORDENAR) _____; también (RECOGER) _____ la mesa.

   🗨 Ya veo que lo (HACER, tú) _____ todo bien.

8 ¿Qué les duele a nuestros amigos? El cuadro te puede ayudar.

cabeza • oído • estómago • espalda • codo • muelas

1

Me duele la cabeza

2 _____

3 _____

4 _____

5 _____

6 _____

9 ¿Por qué no ordenas las frases siguientes y conjugas el verbo entre paréntesis?

1 💬 ¿(GUSTAR) Te bailar mucho?

¿Té gusta mucho bailar? o _¿Bailar te gusta mucho?_

2 💬 (ABURRIR) las me novelas amor de _____

_____ o _____

3 💬 (GUSTAR) nos dormir _____ o _____

4 💬 (ENCANTAR) le correo electrónico enviar

_____ o _____

5 💬 Nos (INTERESAR) cultura la indígena mucho

_____ o _____

6 💬 ¿Os mexicana (GUSTAR) comida?

_____ o _____

7 💬 Nadar (GUSTAR) no nos _____ o _____

8 💬 ¿Os qué la película (PARECER) última Almodóvar de?

💬 _____ o _____

Muy es buena _____

9 💬 ¡Paella (GUSTAR) os la? _____ o _____

💬 (ENCANTAR) ¡Sí, nos _____

10 ¡Intenta completar estas frases!

1 💬 A mi hermana siempre _____ duelen las piernas. Trabaja en una tienda de ropa y está todo el día de pie.

💬 ¿Y qué hace?

💬 _____ lava cada día las piernas con agua fría.

2 💬 ¿A tus padres _____ gusta el cine?

💬 No, _____ aburren bastante. Prefieren el teatro.

3 💬 ¿Qué _____ pasa a Lola?

💬 _____ duelen mucho las muelas. No come nada desde hace dos días.

4 💬 ¿A qué hora _____ ha levantado hoy Lázaro?

💬 Muy tarde, a las doce, porque toda la noche _____ ha dolido el estómago.

5 💬 ¿Qué _____ ha parecido la conferencia a los estudiantes?

💬 _____ ha gustado mucho. Al final _____ han levantado todos de la silla para aplaudir al conferenciante.

6 💬 ¿Qué _____ gusta a tu hermana? Es su cumpleaños y no sé qué regalarle.

💬 Un libro, _____ encanta leer. Nunca _____ acuesta sin leer un poco.

7 💬 ¿Sabes qué _____ interesa a los señores Isashi de la cultura española?

💬 A él _____ encanta la arquitectura y a ella _____ gusta muchísimo la moda española.

8 💬 El niño dice que _____ duele la cabeza y que _____ peina él solo.

11 En español **ser** y **estar** son dos verbos diferentes.
¿Puedes completar las frases con el adecuado?

1 🗨 ¿Qué te pasa?

🗨 Hoy he trabajado mucho y ___*estoy*___ muy cansada.

2 🗨 Esta clase _____ demasiado pequeña. Aquí no podemos
estudiar bien.

🗨 ¿Por qué no utilizamos la clase del tercer piso, _____ más
grande y _____ muy cerca.

3 🗨 Luisa, ¿qué le pasa a tu niño?

🗨 Ha _____ enfermo toda la semana, pero ahora
ya _____ bien.

4 🗨 ¿Qué te ha parecido el libro que te regalé? ¿Te ha gustado?

🗨 Sí, muchísimo, _____ muy interesante.

5 🗨 Oye, ¿por qué no vamos al cine esta tarde? ¿Te gustan las películas
de terror?

🗨 Hombre, no mucho, pero me parece que ésta _____
bastante buena.

6 🗨 ¿Todavía no has comido nada?

🗨 No, no tengo mucha hambre y además la sopa _____ fría.

7 🗨 ¿Por qué llora el niño?

🗨 _____ enfermo, tiene fiebre.

8 🗨 ¿Ya _____ bien?

🗨 Sí, ya no llora, _____ muy bueno.

12a Escucha estas frases y observa que tienen una melodía especial.

1 ¡Qué frío tengo!	4 ¡Fantástico!	7 ¡Qué dolor!
2 ¡Cómo me duele!	5 ¡Qué bueno!	8 ¡Qué grande!
3 ¡Qué interesante!	6 ¡Magnífico!	9 ¡Es genial!

12b Vuelve a escuchar y fíjate que tienen una entonación
que transmite un significado concreto. Escribe cuál es.

sorpresa { ☐ ☐ ☐   queja { 🔲1 ☐ ☐   admiración { ☐ ☐ ☐

9

lecciónnueve9

Ejercicios

Reunión de amigos

¿Qué quieres practicar más?

- Formas de invitar y ofrecer (**1**, **6**)
- Pedir permiso, objetos o que alguien haga algo (**2**, **3**, **8**)
- Indicar si es posible u obligatorio hacer algo (**4**, **5**, **6**, **7**)
- Felicitar (**7**)
- Condiciones (**9**)
- Las formas verbales del imperativo (**10**)
- Imperativo y pronombres (**11**, **12**, **13**)
- Pronunciación: **ll**, **y**, **ñ**, **h** y **v** (**14**)

1 Lola y Julián están en casa. Escucha el audio
y dinos si las afirmaciones son verdaderas o falsas.

		V	F
1	Julián ofrece un café a Lola.	☐	☒
2	Lola quiere un té.	☐	☐
3	A Lola le gusta mucho la leche.	☐	☐
4	Julián ofrece azúcar.	☐	☐
5	Lola quiere más té.	☐	☐

2 Begoña, Julián, Lola y Andrew, como buenos amigos,
se piden favores.
Escucha los diálogos. ¿Puedes completar el cuadro?

		¿Por qué pide el favor?	¿Le ayudan o no le ayudan?
1	Julián	Porque tiene que preparar el ensayo general.	No.
2	Begoña		
3	Andrew		
4	Lola		

3 Nuestros amigos se siguen pidiendo favores.
Escucha los diálogos. ¿Sabes qué se piden y a quién se lo piden?

		¿Qué le pide?	¿A quién se lo pide?
1	Begoña	El vestido rojo.	A Lola.
2	Andrew		
3	Lola		
4	Julián		

4 ¿Qué significan estas señales? Escríbelo debajo de cada una utilizando **poder + infinitivo**. El cuadro te puede ayudar.

> pisar la hierba • aparcar • tirar la basura • fumar • nadar • jugar a la pelota

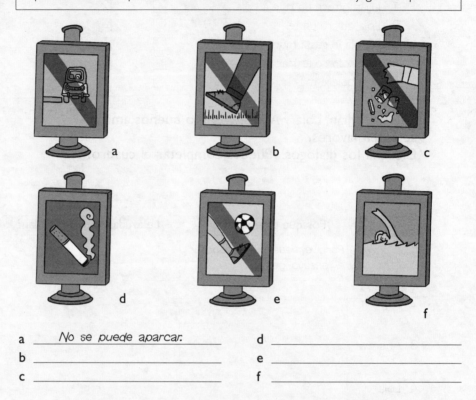

a   *No se puede aparcar.*

b _____

c _____

d _____

e _____

f _____

 5 El señor Kadomatsu es amigo de Antonio. Acaba de llegar a España para trabajar en un proyecto teatral. Con el idioma no tiene muchos problemas, pero todavía no sabe cómo comportarse en una reunión de trabajo. Antonio se lo explica. Antes de escuchar, señala lo que tú crees que se **puede hacer** y lo que **no se puede hacer**. Luego escucha y fíjate si coincides con lo que dice Antonio.

Se puede		No se puede
☐	interrumpir al ayudante mientras está hablando	☐
☐	hacer preguntas	☐
☐	proponer alternativas	☐
☐	ser agresivo en la reunión	☐
☐	hacer bromas en cualquier momento	☐

6a ¿De qué tratan estos textos?

 ~~invitación de boda~~ • fiesta universitaria • fiesta de fin de año • conferencia

Familia García   Familia Rodríguez

Se complacen en invitarles al enlace de sus hijos
Margarita y Carlos
el próximo día 20 de mayo a las 18.00 h
en la iglesia Nuestra Señora del Carmen.

1

invitación de boda

¡No te pierdas la

BIOMARCHA

de este año!

Te esperamos
el **jueves 20 de mayo**
a las **22.00 h**
en el polideportivo de la
Facultad de Ciencias.

Por sólo **2.500** ptas.
BARRA LIBRE

2

El **último día**
del **año**

Te esperamos
en el **Estadio Olímpico**
para despedir el año
juntos a ritmo de

Salsa

Actuación en directo
del grupo cubano
"El buen son"

¡Cava para todos
y fiesta hasta la madrugada!

3

El próximo **23** de febrero

en la *Sala de Actos*
de la *Facultad*
de *Filosofía y Letras*

tendrá lugar la conferencia
**"La situación actual
de la enseñanza del español
en el mundo"**

a cargo del
Profesor Gonzalo Ibáñez

Al final del acto se abrirá
un turno de preguntas.

4

6b Ahora intenta adivinar a cuál de ellos se refieren las siguientes afirmaciones.

a Prohibido aburrirse.   ☐3☐ ☐

b Hay que llevar traje oscuro.   ☐

c Hay que llegar antes de las 24.00 h.   ☐

d Presentar la invitación en la entrada.   ☐

e Se puede comprar la entrada por anticipado.   ☐ ☐

f Tienes que llevar una prenda de color rojo.   ☐

g Prohibido grabar al conferenciante.   ☐

h Después de la ceremonia, hay una comida.   ☐

7a Escucha estos diálogos.
¿Podrías adivinar en qué situación están hablando?

- ☐ en una empresa
- ☐ en una fiesta de cumpleaños
- ☑ en una clase
- ☐ en una boda

7b Vuelve a escuchar los diálogos e intenta completar la tabla.

	Felicitar	Agradecer	Responder al agradecimiento
1	Os felicito	Gracias	De nada
2			
3			
4			

8 Escucha el audio y dinos de qué hablan las personas de los diálogos.

- entradas para el concierto ☑
- piso ☐
- pantalones ☐
- libro ☐
- película ☐
- sopa ☐

9 ¿Puedes relacionar las frases de las dos columnas?
¡Fíjate en las sugerencias!

1 Si vas a los toros.	☑ d	a visita la Sagrada Familia.
2 Si viajas a Barcelona.	☐	b trae a tus amigos.
3 Si vienes a la fiesta.	☐	c ve a la playa.
4 Si quieres tomar el sol.	☐	d compra una entrada de sombra.
5 Si necesitáis aspirinas.	☐	e cógelo, por favor.
6 Si suena el teléfono.	☐	f id a Andalucía.
7 Si quieres tortilla de patatas.	☐	g prueba ésta, que está buenísima.
8 Si quieres descansar.	☐	h ve a España o a México.
9 Si quieres aprender español.	☐	i vete a dormir temprano.
10 Si os gusta el flamenco.	☐	j id a la farmacia.

10 ¿Por qué no completas esta tabla?
Después, seguro que puedes continuar con las frases. ¡Ánimo!

	Pasar	Comer	Escribir
tú	pasa		escribe
usted		coma	
vosotros/as	pasad		escribid
ustedes		coman	

Ahora ya sabes que en imperativo:

La forma **tú** termina en _a_ en los verbos en -**AR** y en _e_ en los verbos
en -**ER** e -**IR**.
La forma **usted** termina en _e_ en los verbos en _____ y en _____ en los
verbos en -**ER**, -**IR**.
Las formas **vosotros** y **vosotras** terminan en _____ en los verbos -**AR**, en
_____ en los verbos _____ y en _____ en los verbos en -**IR**.
La forma **ustedes** termina en _____ en los verbos en -**AR** y en _____ en
los verbos en -**ER** e -**IR**.

11a ¿Puedes transformar el infinitivo de estas frases en imperativo?
Recuerda que normalmente no es necesario escribir la persona
que realiza la acción.

a Antes de salir de casa (COGER, tú) _____ **la chaqueta** porque hace
mucho frío.

b (PONER, vosotros) _____ **la mesa** y (SERVIR, vosotros)
_____ **los platos**.

c (TERMINAR, tú) _____ **los deberes** antes de cenar.

d Si vas a la cocina, (CERRAR) _____ **la puerta**.

e Primero (CORTAR, usted) _____ **las patatas** y después
(LIMPIAR, usted) _____ bien **el cuchillo**.

f Si tienes sed, (ABRIR) _____ **la botella**.

11b Ahora, ¿por qué no intentas sustituir la palabra en negrita por su pronombre?

a _Cógela._   d _____

b _____   e _____

c _____   f _____

12 **¿Puedes relacionar las preguntas con las respuestas? ¿Por qué no subrayas la palabra a la que sustituye el pronombre destacado?**

1 ¿Me pongo la <u>chaqueta</u>?

2 ¿Le compro el ordenador?

3 ¿Te compro el pan?

4 ¿Te doy la maleta?

5 Quiero cantaros una canción.

a Póntela.

b Dámela.

c Cómpramelo.

d Cántanosla.

e Cómpraselo.

13 **Fíjate en este diálogo:**

🗨 ¿**Le** has comprado **el periódico**?

🗨 Sí, **se lo** he comprado, como cada sábado.

Ahora, ¿puedes completar los siguientes diálogos?

1 🗨 ¿Quién **te** ha regalado **los esquís**?

🗨 ___Me___ los ha regalado mi prima.

2 🗨 Voy a escribir un *e-mail* **a Antonio**.

🗨 Sí, sí, escríbe _____lo.

3 🗨 ¿Ya ha visto **Lola** mi cámara de fotos?

🗨 No, enséña_____la, por favor.

4 🗨 ¿**Nos** puedes explicar esto otra vez?

🗨 Ya _____ lo expliqué la semana pasada, ¿no?

5 🗨 ¿**Les** has dejado **a tus amigos** la cámara de vídeo?

🗨 Sí, _____ la he dejado durante las vacaciones.

Observa:

🗨 ¿Le has dado a tu jefe los papeles?

🗨 Sí, ya **le** he dado **los papeles** / Sí, ya **se los** he dado.

¿Qué le pasa a **le** y **les** cuando están delante de **lo, la, los, las**?

Se transforman en _____ .

14 **¿Recuerdas la pronunciación de las letras LL-Y, Ñ, H y V? Escucha cómo pronuncia Antonio estas frases, fíjate en su sonido y completa las frases. Intenta imitar su pronunciación.**

1 ___Y___a me ha ___ll___amado tres veces.

2 Pero yo no ____e ____isto las llaves.

3 ____ay un ni____o pequeño de cinco a____os en la puerta.

4 ____o no sé qué está ____aciendo en Espa____a.

5 ____oy he ____enido por la ca____e Santiago.

Brújula

bloquecuatro4

Recuerda que en esta sección te ofrecemos una selección de los recursos lingüísticos más importantes de las próximas tres lecciones. Ya sabes que los encontrarás agrupados en tres apartados:

❋ **Vocabulario**: Selección del vocabulario del bloque.

❋ **Gramática**: Explicación de los principales recursos gramaticales del bloque.

❋ **Comunicación**: Resumen de las funciones comunicativas básicas del bloque.

En este último bloque te ofrecemos algunos de los recursos lingüísticos que vas a practicar en las próximas lecciones. Ya sabes que si los trabajas antes de empezar las lecciones, te resultará más fácil comprender algunas palabras, estructuras gramaticales y las expresiones que se utilizan en la comunicación. Observarás que junto a las palabras del vocabulario y a las estructuras comunicativas hemos dejado espacio para que escribas la traducción en tu propia lengua. Así también te pueden servir como lugar de consulta mientras realizas las actividades.

Vocabulario

MESES DEL AÑO

enero _____   febrero _____
marzo _____   abril _____
mayo _____   junio _____
julio _____   agosto _____
septiembre _____   octubre _____
noviembre _____   diciembre _____

MOMENTOS EN EL TIEMPO

ayer _____   anteayer _____   el año pasado _____
el mes pasado _____   el otro día _____   hace 25 años _____
en aquel año _____   en enero de 1999 _____   en 1950 _____
hoy _____   esta tarde _____   esta semana _____
este mes _____   hace un rato _____   siempre _____
este fin de semana _____   hace poco _____   hace un momento _____

EL TIEMPO ATMOSFÉRICO

lluvia _____   llueve _____
nieve _____   nieva _____
viento _____   hace viento _____
sol _____   hace sol _____
calor _____   hace calor _____
niebla _____   hay niebla _____
nube _____   está nublado _____
frío _____   hace frío _____
hace buen tiempo _____
hace mal tiempo _____

PARA ORDENAR ACONTECIMIENTOS EN EL TIEMPO

primero _____
después _____
luego _____
al final _____

PARA REFERIRSE AL FUTURO

mañana _____
pasado mañana _____
la próxima semana _____
el año que viene _____
el próximo mes _____

LA GEOGRAFÍA DE UN LUGAR

montaña _____   costa _____
playa _____   río _____
mar _____   lago _____
isla _____   campo _____
camino _____   carretera _____
Norte _____   Sur _____
Este _____   Oeste _____

PALABRAS DE VIAJES

barco _____
tren _____
coche _____
bicicleta _____
autobús _____
avión _____
billete _____
maleta _____
aeropuerto _____
alojarse _____
hacer autostop _____

Gramática

PRETÉRITO INDEFINIDO
§31, §38, §39, §40, §47 y §49

Este tiempo verbal se puede usar en las narraciones para hacer referencia al pasado.

Hay un grupo de verbos muy usados en los que cambia la raíz. Además tienen algunas terminaciones diferentes.

Hay dos verbos muy usados, *ser* e *ir*, que se explican en el §40 del apéndice gramatical. Fíjate en que, curiosamente, en este tiempo tienen la misma forma.

El indefinido se usa normalmente con palabras y expresiones como éstas:

ayer _____
anteayer _____
el año pasado _____
el mes pasado _____
la semana pasada _____
en 1975 _____
hace veinticinco años _____
en aquel año _____
en enero de 1999 _____
el otro día _____

PRETÉRITO IMPERFECTO
§30-§40-§48

Se usa para expresar hechos pasados que no han concluido aún en la narración.

Sólo tres verbos, *ir*, *ser* y *ver*, tienen irregular este tiempo; como verás en el §40 del apéndice gramatical.

ALGO / NADA
§20

Para referirse a cosas o ideas en general, sin referirse a nada en concreto, se usa *algo* _____.
La forma negativa es *nada* _____.

ALGUIEN / NADIE
§20

Para hablar de una persona sin referirse a nadie en concreto se usa *alguien* _____.
La forma negativa es *nadie* _____.

🗨 *¿Había alguien de la escuela de teatro?*

_____

🗨 *No, nadie.* _____

ALGUNO / NINGUNO
§20

Las palabras *alguno, alguna, algunos, algunas* _____, _____, _____, _____ indican la unidad (en singular) o una pequeña cantidad (en plural). La forma negativa es *ninguno, ninguna* _____.

¿Has recibido alguna carta?

_____

En algunos picos de los Andes hay nieve todo el año.

_____

Cuando *ninguno* o *ninguna* _____ se encuentran después de un verbo, hay que negar el verbo, normalmente con la palabra *no*.

Todos eran muy simpáticos, pero no me gustó ninguno.

_____

_____

CONSTRUCCIONES CON DOS VERBOS
§41

ir + a + infinitivo
¿Qué película vas a ver?

_____

querer + infinitivo
Quiero ir a México.

_____

pensar + infinitivo
¿Cuántos días piensas estar en la capital?

_____

_____

Comunicación

HABLAR DE ACONTECIMIENTOS HISTÓRICOS §47

- España **entró** en la Unión Europea en 1986.

CONTAR EXPERIENCIAS PASADAS §47

- ¿Cuándo fue la última vez que viajaste al extranjero?

HABLAR DE MOMENTOS VIVIDOS §47

- En Bilbao trabajé en una emisora de radio local. Era ayudante de producción.

ACCIONES HABITUALES EN EL PASADO §46

- 🗨 Cuando vivías en Madrid, ¿cómo celebrabas la Nochevieja?

RELACIONAR ACONTECIMIENTOS EN EL PASADO

- Cuando **comía sonó** el teléfono.

EXPRESAR SEGURIDAD Y DESCONOCIMIENTO

- 🗨 Dice Marta que dejó un mensaje en el contestador.
  🗨 **No lo sé,** yo no oí nada.

EXPRESAR FALTA DE SEGURIDAD

- 🗨 ¿Las patatas se llaman papas en Latinoamérica?
  🗨 **Me parece que** sí.

ORGANIZAR UN RELATO

- **Primero** se afeitaba. **Luego** se vestía. **Después** salía de casa. **Al final** siempre era el primero en llegar a la oficina.

REACCIONAR ANTE UNA INFORMACIÓN §60

- ¡Qué bien!
- ¿Y qué más?
- ¡Qué sorpresa!
- ¡Qué pena!

SUGERIR ACTIVIDADES

- ¿Por qué no vamos a la playa?
- Este sábado por la noche vienen a cenar a casa unos amigos. ¿Te apetece venir?

HABLAR DE INTENCIONES, DESEOS Y PLANES PARA EL FUTURO

- Quiero ir a Cuernavaca.

CONCERTAR CITAS

- 🗨 ¿Cómo quedamos?
- 🗨 Mañana a las once aquí, en el piso.
- 🗨 ¿A qué hora quedamos?
- 🗨 No sé..., a las seis o las seis y media.

COMUNICARSE POR TELÉFONO

- 🗨 ¿Diga?
- 🗨 ¡Buenas tardes! ¿Está Lola?
- 🗨 Un momento. Ahora se pone.
- 🗨 Eripsa, ¿dígame?
- 🗨 Buenas tardes, ¿me pone con el señor Gutiérrez?
- 🗨 Lo siento pero no puede ponerse ahora. ¿De parte de quién?

leccióndiez 10

Ejercicios

¿Quieres conocer un poco más a nuestros amigos?

¿Qué quieres practicar más?

- Contar lo que sucedió en el pasado (**1, 2, 3, 4**)
- Explicar vidas pasadas (**5**)
- Cómo expresar conocimiento y desconocimiento (**6**)
- Marcadores temporales más frecuentes: **ayer, hoy...** (**9, 11**)
- Diferencia entre pretérito perfecto e indefinido (**7, 8, 10**)
- Pronunciación: el acento en la palabra (**12**)

1 Escucha este diálogo entre Lola y su madre. Luego dinos
qué hicieron Lola y sus amigos el fin de semana.
Utiliza los verbos en la forma adecuada.

> salir • muy ocupados • comer • ir • exteriores • buscar
> juntos a la biblioteca • a cenar • en el centro • estar

Begoña y Julián _____ y _____ .
Andrew y Lola _____ y después _____ .
Los cuatro _____ .

2 Mira en estos dibujos qué hicieron ayer José y Ana. Luego completa
el texto con la forma correcta de los verbos del cuadro.

> levantarse • ducharse • llamar • ir • comer • desayunar

Ana ___se levantó___, luego _____ y _____ al trabajo. Al
mediodía _____ un bocadillo con José. Después de trabajar
_____ de compras y por la tarde _____ al cine con José.
José _____, _____, _____ y _____ al
gimnasio. Al mediodía _____ un bocadillo con Ana. Por la tarde
_____ a Ana y _____ al cine con ella.

3 ¿Puedes completar el cuadro con las formas del pretérito indefinido?

	Trabajar	Nacer	Vivir
yo	trabaj**é**		
tú		nac**iste**	
él/ella/usted			viv**ió**
nosotros/as	traba**jamos**		
vosotros/as		nac**isteis**	
ellos/ellas/ustedes			viv**ieron**

Mira el verbo trabajar, ¿puedes seguir la serie?

é, _____ , _____ , **amos**, _____ , _____ .

Ahora mira el verbo nacer, ¿puedes seguir la serie?

í, **iste**, _____ , _____ , **isteis**, **ieron**.

Entre los verbos **nacer** y **vivir**, ¿hay alguna diferencia?_____ .

4 Nuestros amigos todavía no se conocen mucho, por eso se hacen preguntas sobre su pasado. Completa las frases con la forma adecuada del verbo entre paréntesis.

1 🗨 ¿Cuándo (IR) _____*fueron*_____ a México tus padres, en el verano del 89 o en el del 91?
   🗨 En el 91. (ESTAR) _____*Estuvieron*_____ en casa de unos amigos.

2 🗨 ¿Qué te (DECIR) _____ el profesor de español ayer?
   🗨 Que podríamos hacer un curso de español intensivo.
     Nosotros le (DECIR) _____ que queríamos hacerlo.

3 🗨 Y tus abuelos, ¿cuándo (TENER) _____ su primer hijo?
   🗨 Uy, hace 40 años. Y el primer nieto (NACER) _____ el año pasado.

4 🗨 ¿Cuándo (ENTERARSE, tú) _____ de la noticia?
   🗨 Lo (SABER, yo) _____ hace unos meses.

5 🗨 La semana pasada mi hermana (VENIR) _____ a la ciudad a pasar unos días en casa de unos amigos. ¿Te acuerdas de ella?
   🗨 Sí claro. Hace dos años ella y su novio también (VENIR) _____ .

6 🗨 ¿Luis y María (IR) _____ con vosotros al cine el lunes pasado?
   🗨 Sí, pero al final (ENTRAR, ellos) _____ a ver otra película.

7 🗨 El miércoles pasado no (PODER, yo) _____ hacer el examen porque me equivoqué de hora.
   🗨 Y el jueves, ¿tampoco (PODER, tú) _____ ?

5 Ésta es la biografía de Santiago Ramón y Cajal. ¿Puedes transformar los verbos subrayados al pasado?

(nace) _Nació_ en 1852.

(termina) _____ sus estudios de medicina en 1873.

(ocupa) _____ una cátedra en la Universidad de Barcelona en 1887.

(empieza) _____ a ser conocido internacionalmente en el congreso de la Sociedad Anatómica Alemana en 1889.

(viaja) _____ a Madrid en 1892.

En esa época (descubre) _____ que las neuronas son células que se relacionan entre sí por contacto.

(recibe) _____ el premio Nobel de Medicina en 1906.

(muere) _____ en 1934.

6 ¿Por qué no relacionas las preguntas con las respuestas?

1 ¿Estás segura de que dejaste las llaves encima de la mesa?
2 ¿Esta mañana ha llamado tu madre?
3 ¿Seguro que la fiesta fue ayer?
4 María está segura de que me llamó. Dice que dejó un mensaje.
5 Creo que Marisa y Pedro han salido juntos un par de veces.
6 Bueno, por hoy ya está. Creo que he estudiado bastante.
7 ¿Este cuadro es de Picasso?
8 ¿Vas a venir esta tarde?

☐ a Me parece que sí, y creo que me invitaron.
☐ b Sí, seguro. Ayer llamó tres veces.
☐ c Sí, pero ayer estudiaste más.
☐ d Sí, seguro. Ayer los vi a la puerta del cine.
☐ e Aún no lo sé, creo que tengo clase.
☐ f No, lo pintó Miró.
☐ g No lo sé, yo no oí ningún mensaje.
[1] h Creo que sí, las dejé allí.

7 ¿Puedes completar las frases con alguna de las expresiones del recuadro?

el jueves • ayer • alguna vez • hoy • en 1492 • este verano

a _____ _Ayer_ hicimos una fiesta increíble en mi piso.

b ¿Ha estado _____ en Australia?

c Cristóbal Colón llegó a América _____ .

d _____ fuimos al cine y vimos una película horrorosa.

e _____ he roto todas las fotos de mi antiguo novio.

f _____ no he tenido vacaciones. He trabajado todo el tiempo.

8a El padre de Lola ha contratado a un detective para saber qué hace su hija. Completa el informe con la forma adecuada de los verbos.

Peréz & Peréz
Detectives privados

<u>La semana pasada</u>, el señor Beltrán me (CONTRATAR) _contrató_ para vigilar a su hija Lola. <u>Esta tarde</u> le (INFORMAR, yo) _____ de sus movimientos.

<u>Ayer</u> Lola (SALIR) _____ de casa sobre las nueve y media, como siempre. (ENCONTRARSE) _____ con un amigo y (IR, ellos) _____ juntos a la escuela de teatro. Sobre las doce y media (TOMAR, ella) _____ un café con sus compañeros de clase y después (ENSAYAR, ellos) _____ hasta las tres y diez. (REGRESAR, ella) _____ a casa a las cinco y no (SALIR) _____ más.

<u>Hoy</u>, en cambio, ha sido diferente. <u>Esta mañana</u> (SALIR, ella) _____ de su casa a las once y media con Begoña. (COMPRAR, ellas) _____ el periódico y (DESAYUNAR) _____ en un bar. Después, (IR) _____ a comprar. Al mediodía (VOLVER, ellas) _____ a casa y a media tarde (IR) _____ al cine. <u>Esta noche</u> Lola (COMPRAR) _____ un bocadillo para cenar y después (IRSE) _____ a casa.

8b Ahora observa las expresiones subrayadas, que indican tiempo, y fíjate si van acompañadas del pretérito perfecto o del indefinido. ¡Ánimo!

Pretérito perfecto	Pretérito indefinido
Esta tarde	

9 Coloca adecuadamente las indicaciones temporales. Fíjate en la diferencia que hay entre el pretérito perfecto y el indefinido.

1 esta mañana • el otro día

🗨 _El otro día_ acabé el libro que me dejaste, y _esta mañana_ me he comprado uno nuevo.

2 esta semana • la semana pasada

🗨 _____ has sido muy buena. No entiendo por qué fuiste tan mala _____ .

3 ayer • hace un momento

🗨 He lavado el coche _____ . Menos mal que no lo lavé _____ . ¡Menuda lluvia ha caído esta noche!

4 este año • veinticinco años

🗨 Compré mi casa hace _____ y por fin _____ he cambiado la decoración.

5 este fin de semana • el viernes pasado

🗨 ¿Has visto a mis padres _____ ?

🗨 No, los vi _____ .

6 este año • el domingo

🗨 ¿ _____ fuiste al partido?

🗨 No, _____ no he ido al fútbol ni un solo día.

7 hoy • el otro día

🗨 _____ vi a tu profesor de español.

🗨 Pues yo lo he visto _____ ; he tenido clase con él.

8 este mes • en abril

🗨 El cumpleaños de tu hermano fue _____ .

🗨 ¡Qué va! Su cumpleaños ha sido _____ .

10 ¿Podrías escribir la forma correcta de los verbos entre paréntesis?

a Ayer (desayunar) _desayunamos_____ los dos juntos en casa.

b El mes pasado, Andrew (escribir) _____ muchos correos electrónicos.

c ¿Has visto lo que (hacer) _____ anteayer Julián?

d Nosotros no (poder) _____ comprar más regalos porque nos quedamos sin dinero.

e Begoña no (saber) _____ la verdad hasta ayer.

f Yo no (querer) _____ ir a la fiesta porque estaba muy cansada.

g Hace un año, él (comer) _____ en este restaurante.

11 ¿Sabes cuándo han hecho o hicieron estas actividades nuestros amigos?

1 esta tarde • ayer

💬 _Esta tarde_ he estado en casa de Begoña y Lola.

🗨 Pero ¿no fuiste _____ayer_____ ?

2 hace un rato • la semana pasada

💬 ¿Sabes a quién he visto _____ ? A Antonio.

🗨 Sí, _____ llegó de Nueva York.

3 hoy • hace veinticinco años

💬 Mis padres se casaron _____ .

Y _____ han celebrado el aniversario de su boda.

🗨 Felicidades.

4 anteayer • esta semana

💬 _____ te llamé, pero no estabas en casa.

🗨 Es que _____ he llegado muy tarde a casa. He tenido trabajo.

5 la semana pasada • este mes

💬 _____ se ha estrenado una obra de teatro muy buena.

¿Por qué no vamos a verla?

🗨 Lo siento, pero fui _____ con Julián. Aunque creo que Begoña todavía no la ha visto.

12 Fíjate en cómo pronuncia Antonio estas frases; la diferencia está en la vocal acentuada. Escucha y marca la frase que oigas.

	yo	él
1	☐ No hablo mucho.	☐ No habló mucho.
2	☐ Bailo en el parque.	☐ Bailó en el parque.
3	☐ Canto mi canción.	☐ Cantó mi canción.
4	☐ Camino por la calle.	☐ Caminó por la calle.
5	☐ Invito a sus amigos.	☐ Invitó a sus amigos.
6	☐ Dibujo un paisaje.	☐ Dibujó un paisaje.
7	☐ Fumo un cigarro.	☐ Fumó un cigarro.
8	☐ Corto la carne.	☐ Cortó la carne.
9	☐ No lavo el coche.	☐ No lavó el coche.

Observa que el acento sirve para diferenciar los tiempos verbales, ¿cuáles?

En las frases de la derecha, el verbo está en _____ .

En las frases de la izquierda, el verbo está en _____ .

lecciónonce 11

Ejercicios

Tus experiencias y recuerdos

¿Qué quieres practicar más?

- Referirse a hechos y circunstancias del pasado (**1, 2**)
- Verbos (**3, 7**)
- Relacionar acontecimientos del pasado (**4**)
- Ordenar el relato (**5, 10**)
- Reaccionar ante la información de un relato (**6, 9**)
- Hablar del tiempo atmosférico (**8**)
- El uso de las palabras
  algo, nada, alguien, nadie, alguno, ninguno (11)
- Pronunciación: la diferencia entre **j** y **g** (12)

1 ¿Puedes completar los huecos con el pretérito indefinido
(como **canté**) o pretérito imperfecto (como **cantaba**)?

1 Cuando (SER, yo) ___era___ pequeña, (TENER, yo) ___tenía___ una bicicleta.

2 No (SABER, nosotros) _____ su nombre, pero al final se lo
(PREGUNTAR, nosotros) _____ .

3 Lola y Begoña ya (ESTAR, ellas) _____ en casa cuando Julián
(LLEGAR, él) _____ .

4 Ayer (IR, ellos) _____ a la biblioteca para coger un libro,
pero la biblioteca (ESTAR, ella) _____ cerrada por vacaciones.

5 Hace un mes me (ENCONTRARSE, yo) _____ con Silvia por la calle
y me (CONTAR, ella) _____ que tenía un hijo.

2 Julián y Sergio hablan de la vida a principios del siglo XX.
¿Puedes completar los vacíos con el verbo correcto?

> conocían • vivía • hablaban • había • iba • existía • leía • escribían • era •
> había • ~~estaba~~ • era • necesitaban

JULIÁN: ¿Tú sabes cómo era la vida a principios del siglo XX?

SERGIO: ¡Hombre! Puedo imaginármelo, pero yo no estaba.

JULIÁN: Ya lo sé, ¡yo tampoco ___estaba___ ! Pero ¿cómo te la imaginas?

SERGIO: La vida _____ más tranquila que ahora. La gente
_____ mejor; eso seguro. No _____ tantos coches,
así que casi no _____ contaminación.

JULIÁN: Eso sí que era bueno para todos, ¿verdad?

SERGIO: Sí, además imagino que la gente _____ en bicicleta y a caballo.

JULIÁN: ¡Qué curioso! Aunque todo _____ más lento, ¿no?
Las comunicaciones, la información, etc.

SERGIO: Claro, claro, piensa que no _____ la televisión, sólo periódicos,
y eso era bueno; la gente _____ mucho más,
o al menos más que ahora.

JULIÁN: Sí, pero ¿tú te imaginas el mundo sin ordenadores?

SERGIO: ¡Ahora no!..., pero como ellos no los _____, tampoco los
_____ ¿no?

JULIÁN: Sí, es cierto. Además, seguro que las personas _____ mucho
más y _____ más cartas.

SERGIO: ¡Ni lo dudes!

¿Conoces los infinitivos de las siguientes formas verbales?

estaba _____   tenían _____

era _____   vivían _____

iba _____   necesitaban _____

3 ¿Por qué no completas la tabla que tienes a continuación con las formas verbales que faltan?

	Trabajar	Comer	Vivir
yo	trabaj**aba**		
tú		com**ías**	
él/ella/usted			viv**ía**
nosotros/as	trabaj**ábamos**		
vosotros/as		com**íais**	
ellos/ellas/ustedes			viv**ían**

Mira el verbo **trabajar**, ¿puedes seguir la serie?
aba, _____ , _____ , ábamos, _____ , _____ .
Ahora mira el verbo **comer**, ¿puedes seguir la serie?
_____ , _____ , ía, _____ , _____ , ían.

Entre los verbos **comer** y **vivir**, ¿hay alguna diferencia? _____ .

4 Para completar estas frases **primero** necesitas saber cómo terminan. ¡Ánimo!

1 Como (QUERER, nosotros) _____ aprender español...
2 Como (LLEGAR, yo) _____ tarde a la reunión...
3 Me (DECIR, ellos) _____dijeron_____ que no hiciste el examen...
4 No te (LLAMAR, yo) _____...
5 No (ESTAR, ellos) _____ en casa...
6 Como te (IR, tú) _____ sin decir adiós...
7 (IR, yo) _____ a ver a Pedro y María...
8 El año pasado (VIAJAR, yo) _____ a la India...

[3] a   por eso imaginé que estabas enferma.
☐   b   así que nos fuimos a pasear.
☐   c   porque esperaban un niño.
☐   d   pensé que estabas enfadado.
☐   e   porque tenía el teléfono móvil estropeado.
☐   f   cogí un taxi.
☐   g   nos matriculamos en un curso de español por Internet.
☐   h   por eso me vacuné contra el tifus.

5 Ordena el relato de Andrew. Mira con atención cómo empieza cada fragmento.

☐ Después de unos días por aquí, encontré una pensión para vivir, pero no me gustaba nada. No comía bien y estaba muy lejos de la escuela de teatro.

☐ Luego intenté buscar piso desde la agencia de mi universidad, pero no me gustaba la idea de ir a una residencia con más estudiantes extranjeros. Quería convivir con gente de aquí para aprender la lengua.

[1] No fue fácil. Ya sabes que yo no conocía la lengua, pero yo me organizo bastante bien.

☐ Al final, por suerte, te conocí a ti y a los demás. ¡Y ya tengo casa y amigos! ¡Lo tengo todo!

☐ Primero busqué la mejor escuela de teatro desde Nueva York. Uno de mis profesores me aconsejó venir aquí para estudiar los autores del teatro clásico español.

6 Imagina que un amigo te cuenta qué le ha sucedido. Participa en estos diálogos con una de las dos opciones que te ofrecemos.

1 ¡No me digas! • Lo siento.

🗩 ¿Sabes a quién vi el otro día? Estábamos paseando con Juan y, de repente, alguien me dijo "¡Hola!". ¡Era Carlos!

🗩 _____ .

2 ¡Qué ilusión! • ¡Qué raro!

🗩 El otro día estaba en casa leyendo y llamaron a la puerta. Pero cuando la abrí ya no había nadie.

🗩 _____ .

3 ¡Qué suerte! • ¡Qué lástima!

🗩 Ayer mis padres se fueron a San Sebastián porque hace un mes les tocó un viaje gratis en un concurso.

🗩 _____ .

4 ¡Qué lástima! • ¡Qué suerte!

🗩 El otro día llevé mi gato al veterinario porque se puso enfermo.

🗩 _____ .

5 ¡Lo siento! • ¡Qué pena!

🗩 Ayer te estuvimos esperando toda la tarde, María.

🗩 _____ .

6 ¿Y qué? • ¡Qué pena! • ¡Me alegro! • ¡Lo siento!

🗩 Te llamo para decirte que ayer fui a una entrevista de trabajo.

🗩 _____ .

🗩 ¡El trabajo ya es mío!

🗩 _____ .

7 Ya conoces bastantes tiempos verbales.
¿Por qué no intentas clasificar los verbos que te damos
a continuación en el lugar que les corresponde?

> ~~andaba~~ • das • compran • estábamos • ~~voy~~ • pasad • oiga • paseo • dijisteis
> abra • ha preguntado • llamaron • di • entrad • ~~llovió~~ • he entrado • hacía
> hemos dicho • son • fue • has entrado • han visto • comías • leían • estuvo

Presente	Imperativo	Indefinido	Perfecto	Imperfecto
voy		llovió		andaba

8 Begoña manda a sus padres una carta explicando cómo es el
tiempo en su nueva ciudad.
¿Sabes de qué fenómenos meteorológicos habla?

> lluvia • nubes • viento • ~~temperaturas~~ • calor • sol • tormentas

¡Hola, familia! ¿Cómo va todo?

Mis compañeros de piso y yo estamos muy bien, preparando las vacaciones de
verano, pero esta semana las ___temperaturas___ han bajado mucho y ha llovido
como nunca.

Seguro que estos días habéis visto en la tele noticias sobre las
_____ que han caído por aquí. No os preocupéis, todo está bien y
nosotros no hemos tenido ningún problema. Pero en algunos pueblos de cerca de
la ciudad, la _____ ha provocado problemas eléctricos muy serios.
Claro, ¡han caído hasta 50 litros!

Por eso estos días me siento como en casa. Aunque aquí llueve con menos
frecuencia que en Bilbao, las lluvias son más intensas. Ya sabes, son las
tormentas de verano.

Todo el mundo está sorprendido porque hasta hace un par de semanas el tiempo
era el habitual en verano: hacía mucho _____ ; el _____
brillaba con fuerza, no había _____ y el _____ era suave.
La temperatura media era de unos 26 grados. Recuerdo que en Bilbao hacía
menos calor, unos 20 grados.

Bueno, por ahora me despido de vosotros. Ya os contaré.

Vuestra hija, Begoña.

9 ¿Puedes clasificar todas las expresiones del cuadro en la columna correspondiente.

> ¿Y qué? • ¡Qué suerte! • ¡Lo siento! • ¡Qué raro! • ¿Ah sí? • ¡Qué bien!
> ¡No me digas! • ¡Qué lástima! • ¡Fantástico! • ¡Qué triste!
> ¿De verdad? • ¡Qué sorpresa!

 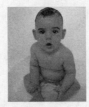  

Alegría	Interés	Sorpresa	Pena
¡Qué suerte!			

10 Julián tiene que pensar en una anécdota para escenificarla mañana en la escuela de teatro con el resto de sus compañeros. ¿Por qué no ordenas la anécdota de Julián?

☐ Después decidimos hacer una ruta por el país. Éste fue nuestro sueño de niños: viajar por el país sin prisa y sin un plan determinado.
Luego, cuando llegamos a la frontera entre México y Guatemala, visitamos unos días el país vecino porque ninguno de los dos lo conocía.

☐ Un día conocí a un director de teatro español. Nos hicimos muy amigos. Me ayudó mucho. Al final vine con él a España.

[1] Mi plan era salir de México a finales de junio para estar el resto del verano, julio y agosto, en España. ¡Pero no llegué aquí hasta octubre!

☐ Cuando regresamos a México ¡ya era finales de agosto! ¡Y yo no tenía plata para hacer mi viaje a España! En septiembre trabajé muy duro para ahorrar: trabajé de camarero, de albañil y de guía turístico. Los fines de semana me reunía con unos amigos para tocar en la calle.

☐ Primero, en el aeropuerto, cuando faltaba una hora para coger el avión hacia España, me encontré con mi amigo Bruno. Hacía más de cinco años que no lo veía. De pequeño fue mi mejor amigo. Vivíamos muy cerca y lo hacíamos todo juntos: ir de excursión, hacer fotos, jugar al fútbol, perseguir a las chicas... Retrasé el vuelo para pasar unos días con él y recordar los viejos tiempos.

11 ¿Por qué no completas los diálogos con las palabras del cuadro?

alguien • nadie • algo • nada • ninguno • alguno

1 🗩 ¿Hay _____*alguien*_____ viviendo en tu casa?

🗩 No, no hay _____*nadie*_____ .

2 🗩 ¿Tienes _____ para comer?

🗩 No, no tengo _____ .

3 🗩 ¿Ha venido _____ de tus amigos?

🗩 No, no ha venido _____ .

4 🗩 No he conocido a _____ en la fiesta.

🗩 Pues yo sí, he conocido a _____ muy simpático.

5 🗩 Tengo mucho trabajo.

🗩 Si quieres te ayudo en _____ . No tengo

_____ que hacer.

6 🗩 Creo que me he dejado _____ en casa, pero no sé qué.

🗩 Uy, yo hoy no me he dejado _____ , pero ayer me dejé

las llaves y estuve una hora esperando a _____ .

12 Escucha a Antonio pronunciar la **g** y la **j**. Lo hace de forma distinta, ¿verdad? Fíjate bien y clasifica las palabras del cuadro en la columna adecuada.

~~García~~ • ~~jamón~~ • Rodríguez • **j**erez • al**g**uien • **j**irafa • ro**j**o
genial • ima**g**ina • al**g**o • al**g**uno • **g**racias • **j**ueves • **gl**obo

Sonido suave	Sonido fuerte
García	*jamón*

Ahora, completa la regla.

El sonido es suave cuando se escribe **ga**, _____, **gui, go**, _____, _____, **gl**.
El sonido es fuerte cuando se escribe _____, **je**, _____, **jo**, _____, **ge**, _____ .

12

lección doce 12

Ejercicios

Julián se va de vacaciones

¿Qué quieres practicar más?

- Cómo hablar de planes de futuro (**1**)
- Concertar citas (**2**)
- Vocabulario de viajes, servicios y medios de transporte (**3, 4, 5**)
- Verbos con preposiciones (**6, 7, 8**)
- Cómo comunicarte por teléfono (**9, 10**)
- Oraciones de relativo (**11**)
- Pronunciación: de las letras **c, s** y **z** (**12**)

1 ¿Podrías completar el diálogo entre Julián y Begoña con las palabras del cuadro?

> voy a hacer • voy a dormir • voy a llevar • quiero ir
> piensas hacer • voy a utilizar • voy a ir • vas a acabar • vas a hacer
> voy a hacer • quiero visitar

🗨 No sé qué _voy a hacer_ mañana.

💬 ¿Por qué lo dices?

🗨 Porque tengo mucho trabajo y además el fin de semana _____ a la montaña.

💬 ¿Y qué _piensas hacer_? ¿ _____ todo el trabajo hoy?

🗨 Creo que no, pero esta noche no _____ .

💬 ¿Y entonces...?

🗨 Me parece que me _____ el trabajo el fin de semana.

💬 ¿Cómo lo _____ ?

🗨 Pués no sé qué _____ . ¿Tú podrías dejarme el ordenador portátil?

💬 Sí, claro. Este fin de semana no lo _____ porque _____ a unos amigos.

🗨 ¡Qué bien! Ahora si que me _____ tranquila.

2 ¿Quieres saber qué planes tienen nuestros amigos? Escucha qué dicen y relaciona las preguntas con las respuestas.

1 ¿De qué hablan?
2 ¿Qué va a hacer Andrew?
3 ¿Y Julián?
4 ¿Qué le propone Begoña a Lola?
5 ¿Por qué no acepta Lola?
6 ¿Qué van hacer Lola y Begoña?

☐ a De qué van a hacer este fin de semana.
☐ b Aún no lo sabe.
☐ c Va a ver un partido de baloncesto.
☐ d Porque va a trabajar.
☐ e Ir a comer con Inma.
☐ f Van a enseñar el piso a Inma.

3a Si piensas hacer un viaje, este ejercicio te va a ayudar.
Primero relaciona los dibujos con la palabra correspondiente.

maleta

| camping • tren • billetes • hotel • pasaporte • restaurante |
| maleta • _auto-stop_ • avión • agencia • turista • reserva |

3b Ahora, ¿por qué no completas las frases con la palabra correcta?
Usa las palabras del cuadro de arriba.

1   Ella quiere preparar esta noche la _____*maleta*_____ para el fin de semana.

2   Los padres de Luis van a viajar en _____ . Les gusta volar.

3   Los hijos tienen miedo a volar; por eso viajarán en _____ .

4   Julián va a buscar los _____ de autobús esta tarde.

5   Eva y Mónica quieren ir a Sevilla la próxima Semana Santa. Para ir allí,
como son españolas, no necesitan el _____ .

6   Nuestros amigos piensan ir a un _____ porque es más barato
que un hotel. Y ya tienen la tienda de campaña.

7   Pepe, siempre que viaja, se aloja en _____ .

8   Nuestros amigos comen normalmente en el _____ del hotel.

9   Ellas van a hacer la _____ del billete esta tarde.

10   Juan tiene suerte; siempre que hace _____ le paran los coches.

11   Ayer fui a una _____ de viajes y conseguí toda la información.

12   Mi ciudad es muy bonita y siempre está llena de _____ .

4 Adivina, adivinanza... ¿Sabes qué es?

Todos pasean por mí, yo no paseo con nadie;
todos preguntan por mí, yo no pregunto por nadie.

5 ¡Este verano todo el mundo tiene plan!
Completa estas frases con las palabras del cuadro.

río • montaña • norte • pueblo • playa • excursión

1 Este verano, Óscar piensa ir a pescar al _____río_____ con unos amigos de la Asociación de Jóvenes Aficionados a la Pesca.

2 Otro grupo de amigos va a hacer una _____ a caballo por los Pirineos.

3 Raquel y unas amigas han alquilado un apartamento cerca de la _____ en Castellón. Piensan tomar el sol todos los días.

4 Ana y Javier quieren ir a un refugio de _____ porque les encanta escalar.

5 Este año Cristina y Juan Carlos quieren ir al _____ del país porque en el sur ya han estado muchas veces.

6 Alfredo y Ariadna han pasado muchos veranos en la ciudad. Para cambiar, estas vacaciones piensan ir en coche a un _____ pequeño en el campo.

6 Escribe la preposición necesaria para completar las frases.

1 La farmacia está _____a_____ diez minutos _____del_____ piso de los chicos.

en/desde • de/a • a/del

2 El piso de la madre de Begoña está _____ norte de la ciudad.

al • en • de

3 Lola y Begoña quieren ensayar _____ las ocho _____ las doce para preparar el ensayo general de mañana.

desde/hasta • en/a • a/de

4 Antonio, el director de la escuela, quiere viajar _____ Barcelona _____ Madrid para presentar su nueva obra de teatro.

a/en • de/a • en/a

5 Los chicos quieren preparar una cena para invitar _____ sus amigos _____ piso.

a/en • a/al • a/a

6 Begoña, tú qué prefieres: ¿viajar _____ tren o coger el avión directo _____ Barcelona _____ Sevilla?

desde/hasta/en • hasta/en/desde • en/desde/hasta

7 **¿Puedes completar las siguientes oraciones con el verbo
en el tiempo correspondiente y las preposiciones adecuadas?**

> a • de • a • de • ~~en~~ • de • a • a • por

1 Lola ayer (ENTRAR) _entró en_ la biblioteca para consultar un libro antes
de clase.

2 Lola siempre (SALIR) _____ casa antes de las nueve de la mañana.

3 Julián (LLEGAR) _____ la ciudad el pasado mes de octubre.

4 Andrew quiere (IR) _____ vacaciones a Almería; de momento no
quiere (VOLVER) _____ su país.

5 Begoña piensa (QUEDARSE) _____ casa porque tiene que estudiar.

6 Begoña, ¿a qué hora (SALIR) _____ trabajar normalmente?

7 Begoña muchas veces (VOLVER) _____ su casa muy tarde.

8 Lo siento, pero no voy a (IR) _____ tu casa después de la escuela
porque ya he quedado. ¿Te va bien mañana?

9 El fin de semana pasado, Andrew (PASEAR) _____ el centro
de la ciudad.

8 **La convivencia es un poco difícil. En la vida cotidiana muchas veces se
producen pequeñas discusiones.
¿Por qué no completas las siguientes frases?**

1 ¿Quién (IR A) _va a_ hacer la compra hoy? Ayer fuimos Begoña y yo.

2 Julián y Andrew no (QUERER) _____ ver *Titanic* otra vez.
No les gusta nada.

3 Andrew, ¿cuándo (PENSAR) _____ recoger la mesa?
Tenemos que fregar los platos. ¡Todas las noches igual!

4 A ver, chicos, ¿qué (QUERER) _____ cenar? Hoy preparo la cena yo.
Tenemos un poco de pizza de ayer, comida china...

5 Julián, ¿hasta cuándo (PENSAR) _____ tocar la guitarra? Mañana
me levanto muy pronto y necesito dormir.

6 Andrew, ¿cuándo (IR A) _____ avisar a Lázaro? ¡La lavadora
no funciona desde hace una semana! Tienes que hablar con él hoy.

7 ¿Cuándo (IR A) _____ cambiar, chicos? Esta casa es un caos.
Nos tenemos que organizar.

8 Chicos, ¿cómo (IR A, nosotros) _____ pagar el alquiler de este mes?
Todos estamos sin dinero y Ana ya no puede esperar más.

9 Begoña, ¿cuándo (PENSAR) _____ recoger toda tu ropa de la
habitación? También es mi habitación y yo quiero colocar mis cosas.

10 Lola, ¿(QUERER) _____ hablar tú con Ana sobre el alquiler de este mes?
Necesitamos unos días más para reunir todo el dinero.

9 ¿Puedes ordenar la conversación telefónica que mantiene Andrew con un amigo?

🗨 Andrew	🗨 Juan
• Vale, podemos quedar sobre las ocho.	• ¿Y vas a estudiar toda la tarde?
• Sí, tengo un examen mañana.	• ¿Te apetece ir al cine?
• ¿Diga?	• De acuerdo.
• Sí, pero no puedo.	Suerte con el examen.
Es que tengo que estudiar.	Hasta luego.
• Gracias. Adiós.	• Hola Andrew, soy Juan. ¿Qué tal?
• Hola Juan.	• ¿Te va bien pasado mañana?

🗨 _____¿Diga?_____

🗨 _____

🗨 _____

🗨 _____

🗨 _____

🗨 _____

🗨 _____

🗨 _____

🗨 _____

🗨 _____

🗨 _____

10 ¿Puedes escribir qué decimos en cada situación?

voy a llamar • lo siento • gracias • llamo más tarde

a 🗨 ¿Diga?
   🗨 Hola Ana, ¿está Luis? Soy Pedro.
   🗨 No, está en la universidad.
   🗨 Gracias, _voy a llamar_ más tarde.

b 🗨 ¿Diga?
   🗨 ¿Está Beatriz?
   🗨 ¿Beatriz? No, se equivoca.
   🗨 _____ .

c 🗨 ¿Sí? ¿Dígame?
   🗨 Hola, ¿está Antonio?
   🗨 Sí, ahora se pone. Un momento.
   🗨 _____ .

d 🗨 ¿Diga?
   🗨 ¿Está Enrique?
   🗨 Sí, pero se está duchando.
   🗨 Bueno, pues _____ .

11 ¿Puedes completar las siguientes frases con **que** o **donde**?

  1 El ordenador ___que___ está apagado está estropeado.

  2 He alquilado un apartamento _____ cabemos todos.

  3 La montaña _____ vamos a escalar mide 3.300 metros.

  4 Vamos a recorrer una ruta _____ cruza el desierto.

  5 Las llaves están en el mismo sitio _____ las dejaste.

  6 Mi hermano siempre lleva una libreta _____ apunta todo.

  7 Tengo un amigo _____ te puede ayudar.

  8 ¿Has encontrado la información _____ buscabas?

  9 La última vez _____ fui no había nadie.

10 El restaurante a _____ voy es muy caro.

11 La montaña _____ vive es muy alta.

12 ¿Has encotrado la información _____ la buscabas?

13 Vamos a recorrer una ruta _____ se ha perdido mucha gente.

14 Mi padre siempre lleva la libreta _____ le gusta.

15 Mi hermano tiene un amigo _____ habla ruso.

16 El edificio _____ vives es muy viejo.

17 El perro _____ tengo, lo encontré cerca de _____
   tú trabajas.

12 Antonio va a pronunciar nombres de ciudades de España.
Fíjate en las letras destacadas: unas tienen el sonido de **S**,
otras el sonido de **K** y otras el sonido de **Z**.
Clasifica las palabras en la columna correspondiente.

> **C**ádiz • Se**v**illa • Valen**c**ia • Lan**z**arote • Salaman**c**a
> **Z**aragoza • San **S**ebastián • **C**órdoba • Bar**c**elona • Ibi**z**a
> **S**antiago de **C**ompostela

K	Z	S
Cádiz	Cádiz	

Ahora, completa la regla.

La **c** tiene el sonido de **K** cuando se escribe _____ , ___co___ , y _____ .
La **c** tiene el sonido de **Z** cuando se escribe _____ y _____ .
La **c** y **s** tienen el mismo sonido en Latinoamérica y en el sur de España.

transcripciones de los audios

Transcripciones de los audios

BLOQUEUNO 1

lecciónuno 1
¡HOLA, AMIGOS!

1.1
taxi…bar…tabaco…medicinas…tenis…hotel…pasaporte…
café…restaurante…fútbol…hospital…examen

1.2
1: Esta mañana, en el autobús, me han llamado por el teléfono móvil.
2: He leído en Internet una noticia interesante sobre fútbol.
3: He visto en televisión lo del accidente en el avión.
4: ¿Tienes el teléfono de Isabel en tu agenda?
5: A mí me gusta bastante la música, sobre todo la internacional.
6: No encuentro tu pasaporte. No sé si está encima de la televisión.
7: ¡Usas Internet? Lee este libro, es bueno.
8: ¿Tienes tabaco?... Sí, compré en el restaurante.
9: ¿Sabes?, en el avión he olvidado el pasaporte.
10: Ayer olvidé en el restaurante los informes del hospital.

leccióndos 2
SER O NO SER, ¡VAYA CUESTIÓN!

2.8
MADRE: ¿Dígame?
CONCHITA: ¡Hola! Soy Conchita, ¿cómo estás?
MADRE: Bien.
CONCHITA: ¿Sabes qué?
MADRE: No, dime.
CONCHITA: Ya conozco al novio de mi hija, ¿sabes? Es norteamericano.
MADRE: ¿Ah sí?, ¿de dónde?
CONCHITA: De Boston.
MADRE: ¿Y cómo se llama?
CONCHITA: David, bueno él dice Deivid.
MADRE: ¿Y cómo es? ¿Es guapo?
CONCHITA: Bueno... es alto, moreno, con los ojos verdes.
MADRE: ¡Muy guapo! ¿A qué se dedica?
CONCHITA: Es ingeniero.
MADRE: ¿Y cuántos años tiene el novio?
CONCHITA: Treinta y dos.
MADRE: ¡Qué bien! Un chico soltero, ingeniero,...
CONCHITA: Sí, sí, y además…

2.13a
¿Puedes repetir?…¿Puedes hablar más alto?…¿Es estudiante?…¿Ésta es
su hermana?…¿Trabaja en un banco?…¿Es alto?…¿Vale?…¿De acuerdo?

2.13b
¿Puedes repetir?…¿Puedes hablar más alto?…Es estudiante…Ésta es
su hermana…¿Trabaja en un banco?…¿Es alto?…¿Vale?…De acuerdo.

leccióntres 3
¡AMIGOS PARA SIEMPRE!

3.13
Frida Kahlo…Fernando Botero…Diego Velázquez…Arturo Michelena
…Francisco de Goya…Diego Ribera…Salvador Dalí…Joaquín Sorolla.

BLOQUEDOS 2

leccióncuatro 4
¡HOGAR, DULCE HOGAR!

4.12
1 ¿Está la lámpara en tu habitación?
2 ¿Conoces a mi familia?
3 Tus padres están al lado de mi coche.
4 La televisión está a la derecha de la ventana.
5 Tu bolso está encima de la cama.

6 ¿Mi primo no sabe dónde está el quiosco?
7 Encima de la mesa hay unas monedas. ¿Alguien las ha olvidado?
8 ¿Sabes si mi paraguas está en tu casa?

leccióncinco 5
LA ALDEA GLOBAL. ¡NO TE PIERDAS!

5.5
CAMARERO: Buenas tardes. ¿Quiere la carta?
CLIENTE: Sí, por favor.
CAMARERO: Aquí tiene.
CLIENTE: Gracias.
……
CAMARERO: ¿Ya sabe qué quiere de primero?
CLIENTE: Sí, quiero un plato de pasta.
CAMARERO: Muy bien, y ¿de segundo?
CLIENTE: De segundo... quiero carne.
CAMARERO: ¿Quiere agua para beber?
CLIENTE: No, quiero vino. El de la casa, ¿es bueno?
CAMARERO: Sí, es muy bueno.
CAMARERO: ¿Quiere postre?
CLIENTE: Sí, un flan, por favor.
……
CLIENTE: La cuenta, por favor.
CAMARERO: Aquí tiene.
CLIENTE: Muchas gracias.
CAMARERO: A usted.

5.7
1 a: Su dirección, por favor.
   b: Calle Serrano.
   a: ¿Qué número?
   b: Ciento ochenta y uno.
   a: ¿Piso?
   b: Tercero.
   a: ¿Puerta?
   b: Segunda.
   a: ¿Cuál es el código postal?
   b: Veintiocho, cero, cero, dos.
   a: Gracias.
2 a: ¿Vives en Sevilla?
   b: Sí.
   a: ¿En qué calle?
   b: En la calle Sierpes.
   a: ¿Número?
   b: Quince.
   a: ¿Piso?
   b: Primero tercera.
   a: ¿Sabes el código postal?
   b: Cuarenta y uno, cero, cero, cuatro.
   a: Vale, te escribo pronto.
3 a: ¿Me puede dar su dirección?
   b: Calle Aragón, veinticinco, tercero cuarta; cero, ocho, cero,
      treinta, Barcelona.
4 a: ¿Dónde vive?
   b : En la calle Miguel Servet.
   a: ¿Qué número?
   b: Ciento veintitrés.
   a: ¿Piso?
   b: Quinto tercera.
   a: ¿Código postal?
   b: Cincuenta, uno, uno, tres, Zaragoza.

5.13
1 a: No entiendo qué dice, no puedo oír nada.
2 a: ¿Recuerdas dónde está la estación de metro?
   b: Un momento, que lo pienso. ¿Al lado de la escuela?
3 a: ¿Quieres una tapa de jamón?
   b: No, prefiero una tapa de queso y huevos con mayonesa.
4 a: ¿En qué habitación duermes?

5 a: Si puedes, compra siete botellas de leche, por favor.
6 a: ¿Está lejos tu oficina?
   b: No, de mi casa a la oficina hay siete minutos a pie.
7 a: ¡Mira el puerto! Veo diecinueve barcos.

lecciónseis 6
¡DE COMPRAS!

6.5
1 a: ¡Mira qué bonita es!
   b: Para mí es un poco larga; la prefiero más corta.
2 a: Quiero uno para el invierno.
   b: Tenemos éste de lana.
   a: ¿Me lo puede enseñar?
3 a: Me gustan mucho éstos de aquí. ¿Y a ti?
   b: A mí no, el tacón es muy alto.
4 a: Mira, éste huele muy bien.
   b: ¿Cuál? ¿Éste? No, es un olor demasiado fuerte.
5 a: ¿Has visto éste? Es precioso.
   b: Sí, es muy bonito, y además es muy barato para ser de piel.
6 a: ¿Cuál prefieres, ésta o ésta?
   b: Yo prefiero la azul, es más elegante.

6.16
1 ¿Has visto esa camisa?   2 ¿Cuál es la camisa más barata?
3 ¿Tiene una lavadora más barata?   4 ¿Dónde está la frutería
en este barrio?   5 ¿Tu coche es más caro que el suyo?
6 ¿Cómo se llama la tienda de fruta?   7 ¿Te parece bonita mi
falda?   8 ¿Cuánto cuesta este reloj?   9 ¿Qué precio tiene este
abrigo?   10 ¿Me da un paquete de galletas?   11 ¿Cuántos años
tienes?   12 ¿Me puedo probar esta chaqueta?

BLOQUETRES 3

lecciónsiete 7
DESPIERTA, DESPIERTA. LOS DÍAS Y LAS HORAS

7.1
Texto 1: Me levanto a las ocho de la mañana, desayuno, me ducho y
salgo a comprar el periódico. Después, doy un paseo hasta el parque,
me siento y leo el periódico hasta la hora de comer. Las tardes de
los lunes y de los miércoles juego al ajedrez durante horas. El resto
de la semana... voy al cine, al hogar del jubilado,... ¡Nada especial!

Texto 2: Todos los días me levanto a las seis de la mañana, me
ducho y salgo para el trabajo. Mi horario laboral es de nueve a
ocho y media. Después de trabajar voy al gimnasio dos veces por
semana. Normalmente ceno sobre las diez y media y me acuesto
a las doce de la noche. ¡Así son mis días!

7.11
1
ANDREW: ¿Qué haces, Begoña?
BEGOÑA: ¿No lo ves? Me estoy mirando en el espejo.
2
JULIÁN: Oye Andrew, creo que están pegándose los macarrones.
ANDREW: ¡Qué va! Los estoy vigilando.
3
ANTONIO: ¡Eh, vosotros! ¿Qué estáis haciendo?
JULIÁN: ¿Nosotros? No estamos haciendo nada.
ANTONIO: Pues a estudiar.
4
JULIÁN: ¡Hola! ¿Qué estás haciendo?
LOLA: ¡Estoy esperándote! ¡Desde las cuatro!
5
ANTONIO: Os estoy explicando lo mismo desde hace horas.
ANDREW: Y nosotros te estamos escuchando, pero no
entendemos nada.
6
JULIÁN: Te estoy pidiendo disculpas de verdad.

ANDREW: Ya lo sé, y ya no estoy dispuesto a escucharte.

7.14
rojo...rosa...ropa...rubio...correr...correcto...terraza...correos
...caro...literatura... catorce...tercero...trece...primero.

lecciónocho 8
Y TÚ... ¿QUÉ OPINAS?

8.12
¡Qué frío tengo!...¡Cómo me duele!...¡Qué interesante!...
¡Fantástico!...¡Qué bueno!...¡Magnífico!...¡Qué dolor!...¡Qué
grande!...¡Es genial!

lecciónnueve 9
REUNIÓN DE AMIGOS

9.1
JULIÁN: ¡Por fin en casa! ¿Te apetece un té?
LOLA: Sí, gracias
JULIÁN: Perfecto. ¿Lo quieres con leche?
LOLA: No, gracias. Es que no me gusta la leche.
JULIÁN: Bueno, aquí está. ¿Quieres azúcar?
LOLA: Sí, por favor. Dos cucharadas.
JULIÁN: Vale. (...)
JULIÁN: ¿Quieres un poco más de té?
LOLA: No, gracias. Con una taza ya tengo bastante.

9.2
1
JULIÁN: Lola, ¿me puedes ayudar, por favor? El miércoles tengo ensayo
general de la obra y todavía no me sé el guión de memoria.
LOLA: ¡Uy¡ Lo siento Julián, pero hoy tengo mucho trabajo.
JULIÁN: Tranquila, no pasa nada. Puedo estudiar yo solo.
2
BEGOÑA: Andrew, ¿mañana por la tarde haces algo especial?
ANDREW: De momento no, ¿por qué?
BEGOÑA: Tengo que preparar un trabajo y necesito ayuda.
ANDREW: No busques más, ¡has encontrado a la persona perfecta!
3
ANDREW: Necesito tu ayuda, Julián.
JULIÁN: ¿Qué te pasa, Andrew?
ANDREW: Necesito tu consejo. He conocido una chica y quiero
invitarla a cenar. ¿Qué tengo que hacer?
JULIÁN: Tranquilo, yo te ayudo, tengo mucha experiencia en casos
como éste.
ANDREW: Gracias Julián, muchas gracias.
4
LOLA: Begoña, ¿hoy me puedes llevar en coche a la escuela?
BEGOÑA: Lo siento, Lola, pero tengo el coche en el taller. Así que...
voy contigo en metro.

9.3
1
BEGOÑA: Lola, ¿me dejas tu vestido rojo?
LOLA: ¿Cuál?
BEGOÑA: Aquel que es tan sexy.
LOLA: Ah, vale, pero ¿para qué lo quieres?
BEGOÑA: Para una cena muy especial.
2
ANDREW: Oye, Julián, ¿puedo coger tu cámara de vídeo?
JULIÁN: ¿Para qué la necesitas?
ANDREW: Quiero mandarles una cinta sobre la ciudad a mis amigos.
JULIÁN: Es toda tuya, pero cuidado.
3
LOLA: Begoña, ¿me puedes dejar los apuntes de clase de ayer?
BEGOÑA: Uy, tú te quedas en casa y yo me levanto pronto para
ir a clase.
LOLA: Begoña, ayer me dolía la cabeza. Por favor, déjamelos.
BEGOÑA: Está bien.

4

JULIÁN: Andrew, ¿me dejas tu camiseta de los Lakers?
ANDREW: Claro que sí, Julián. Cuando vuelva a mi país te la voy a regalar.

9.5

SR. KADOMATSU: Estoy nervioso. Es mi primera reunión en España y no sé cómo comportarme.

ANTONIO: No te preocupes. Yo te explico cómo funcionan las reuniones aquí. En este teatro todo el mundo se conoce hace mucho tiempo y las reuniones son muy familiares. Después de las presentaciones, el director introduce el orden del día y cede la palabra a su ayudante. Mientras habla el ayudante, si alguien no está de acuerdo, le interrumpe y da su opinión. No hay que esperar, se puede hablar en cualquier momento.

SR. KADOMATSU: Pero, ¿hay que hacer preguntas?

ANTONIO: El turno de preguntas es al final de la reunión, pero si tienes alguna duda puedes preguntar.

SR. KADOMATSU: ¿Qué más hay que hacer?

ANTONIO: Se pueden proponer alternativas, pero no hay que ser agresivo en la reunión.

SR. KADOMATSU: ¿Y se pueden contar chistes o hacer bromas? Creo que los españoles sois muy bromistas, ¿verdad?

ANTONIO: ¡Uy, no todos! No se pueden hacer bromas en cualquier momento.

9.7

1 PROFESOR: Os felicito. Todos habéis aprobado el examen con buenas notas.
   ALUMNO: Gracias, profe.
   PROFESOR: De nada.

2 EVA: ¿Cuántos años cumples?
   JOSÉ: ¡Veinticinco! Imagínate. No me lo puedo creer.
   EVA: ¡Feliz cumpleaños!
   JOSÉ: Muchas gracias.
   EVA: A ti.

3 TÍA JULIA: Hacéis una pareja fantástica. ¡Los dos sois tan guapos y simpáticos! Enhorabuena.
   JOSÉ: Tu regalo nos ha gustado mucho.
   MARÍA: Un millón de gracias por todo, tía Julia.
   TÍA JULIA: A vosotros, a vosotros, por hacerme tan feliz.

4 JEFE: Felicidades por el trabajo que han hecho estos últimos días. Sé que han trabajado muy duro.
   EMPLEADOS: Mil gracias.
   JEFE: De nada. Sin ustedes este proyecto no sería posible.

9.8

1 CHICO: ¿Ya las tenemos?
   CHICA: No, pero, tranquilo, las compro mañana.
   CHICO: Si no las compras, dímelo.
   CHICA: No te preocupes, yo también quiero ir.

2 SEÑOR: ¿Ya lo has alquilado?
   SEÑORA: ¡Qué va! Lo he comprado. Es enorme. Tienes que verlo.

3 JULIÁN: ¿Ya has visto la última de Almodóvar?
   ANDREW: No. La quiero ir a ver el sábado por la noche con unos amigos. ¿Te apetece venir?
   JULIÁN: No, no, yo ya la he visto.

4 JULIÁN: ¿Qué? ¿Al final te los has comprado?
   ANDREW: Sí, mira los tengo aquí.
   JULIÁN: Pruébatelos. A ver cómo te quedan.

5 BEGOÑA: Está buenísima. ¿Cómo la has hecho?
   LOLA: Es muy fácil. El secreto es tomarla muy caliente.

6 LOLA: ¿Me lo dejas, por favor?
   BEGOÑA: Sí, claro. Lo puedes tener todo el tiempo que sea necesario.
   LOLA: ¿Seguro que no lo necesitas?

9.14

1 Ya me ha llamado tres veces.
2 Pero yo no he visto las llaves.
3 Hay un niño pequeño de cinco años en la puerta.

4 Yo no sé qué está haciendo en España.
5 Hoy he venido por la calle Santiago.

BLOQUE CUATRO 4

lección diez 10
¿QUIERES CONOCER UN POCO MÁS A NUESTROS AMIGOS?

10.1

LOLA: ¿Diga?
MADRE: Hola, Lola, hija. ¿Cómo estás?
LOLA: ¡Mamá! ¡Qué sorpresa!
MADRE: Lola, el fin de semana pasado te llamé por teléfono porque los abuelos nos invitaron a comer.
LOLA: Lo siento, mamá, pero precisamente el fin de semana pasado fue muy loco para todos.
MADRE: ¿Por qué?
LOLA: Mira, Begoña y Julián estuvieron muy ocupados. Buscaron exteriores para filmar sus nuevos reportajes.
MADRE: Ahá, qué bien. ¿Y tú adónde fuiste?
LOLA: Estudié con Andrew todo el sábado. Por la mañana fuimos juntos a la biblioteca para buscar información sobre el teatro del siglo XIX. Después comimos en el centro.
MADRE: ¿Y el domingo? Te llamé por la noche y tampoco me contestó nadie. ¿A qué hora volviste?
LOLA: Los cuatro salimos a cenar. Un amigo nuestro ha abierto un restaurante nuevo cerca de casa y nos invitó.
MADRE: ¡Qué bien! ¿Y qué tal?
LOLA: La comida es buenísima y el ambiente muy agradable. Papá y tú tenéis que ir.

10.12

No hablo mucho…Bailó en el parque…Canto mi canción…
Camino por la calle…Invitó a sus amigos…Dibujó un paisaje…
Fumó un cigarro…Corto la carne…No lavo el coche.

lección once 11
TUS EXPERIENCIAS Y RECUERDOS

11.12

García…jamón…Rodríguez…jerez…alguien…jirafa…rojo…
genial…imagina…algo…alguno…gracias…jueves…globo.

lección doce 12
JULIÁN SE VA DE VACACIONES

12.2

BEGOÑA: Bueno, a ver, chicos… ¿Qué vais a hacer este fin de semana? ¿Va a haber alguien en casa o no? Necesitamos organizarnos para saber quién va a comprar, quién limpia...
JULIÁN: Yo voy con un amigo a ver un partido de básquet.
BEGOÑA: ¿Y tú, Andrew?
ANDREW: Pues aún no lo sé, no tengo ningún plan seguro.
BEGOÑA: A ver Lola, ¿tú te vas a quedar en casa? Si te quedas podemos ir a comer juntas el sábado con mi amiga Inma. Quiero presentártela. ¿Te va bien?
LOLA: Lo siento Begoña, el sábado no me va bien. Por la mañana tengo que ir a trabajar. Mejor el domingo.
BEGOÑA: Perfecto. ¿Cómo quedamos?
LOLA: ¿Te va bien a las dos?
BEGOÑA: Por mí sí, tengo que hablar con Inma, pero creo que no va a haber ningún problema. Y... ¿dónde quedamos?
LOLA: Pues podemos quedar aquí, así le enseñamos a Inma el piso.
BEGOÑA: Muy buena idea.

12.12

Cádiz…Sevilla…Valencia…Lanzarote…Salamanca…Zaragoza
…San Sebastián…Córdoba…Barcelona…Ibiza…Santiago de Compostela.

soluciones

Soluciones

lecciónuno 1

1

tabaco-3 medicinas-4 fútbol-10 tenis-5 taxi-1 bar-2
examen-12 hotel-6 café-8 pasaporte-7 restaurante-9
hospital-11

2

1 autobús…teléfono 2 Internet 3 televisión…avión
4 teléfono…agenda 5 música…internacional
6 pasaporte…televisión 7 Internet…libro
8 tabaco…restaurante 9 avión…pasaporte
10 restaurante…hospital

3

1 colombiano 2 eme 3 apellidos 4 Francia 5 hola

4

1 ¿cómo estás? 2 Hasta mañana…Adiós 3 Hola
4 ¿cómo está? 5 Hasta luego

5

1 Encantado 2 ¿Y tú? 3 Mucho gusto 4 soy

6

1-c 2-d 3-a 4-e 5-b

7a

1 es 2 tiene 3 francesa 4 es 5 es 6 vive

7b

1-C 2-E-española 3-B-Francia 4-A-mexicana 5-D-Italia

7c

1 Es italiano. 2 No, es francesa. 3 Es norteamericano.
4 No. 5 Sí. 6 Yo soy de _____ .

8

1 español 2 inglés 3 chino 4 australiano 5 francés
6 ruso 7 holandés 8 alemán

I	N	G	L	É	S		E	
H	O	L	A	N	D	É	S	
						P		A
F	R	A	N	C	É	S	A	L
	U					Ñ		E
	S		C	H	I	N	O	M
	O					L		Á
A	U	S	T	R	A	L	I	A	N	O

9

a quince b treinta y tres c diez d cuatro e veintidós
f treinta y seis g cien h once

10

italiano-italiana / alemán-alemana / ruso-rusa / suizo-suiza
colombiano-colombiana / japonés-japonesa / español-
española / portugués-portuguesa / inglés-inglesa

11

1 soy…es 2 soy…es…Soy
3 Es…soy…tienes…tengo
4 te llamas… eres…Soy…soy 5 Es…soy
6 Me llamo…Es…soy…tiene…Tengo…es

12

	llamarse	tener	vivir
yo	me llamo	tengo	vivo
tú	te llamas	tienes	vives
usted	se llama	tiene	vive
él/ella	se llama	tiene	vive

- Yo casi siempre termina en **o**.
- Tú termina en **as** y en **es**.
- Usted termina en **a** y en **e**.
- Él y **ella** terminan en **a** y en **e**.
  Terminan igual.

13

¿Qué tal estás?-**tú** / ¿Es americano?-**usted** /
¿Cómo se llama?-**usted** / ¿Qué edad tienes?-**tú** /
¿Vives en Barcelona?-**tú** / ¿Cuántos años tiene?-**usted**

14

a setenta y cinco (75), ochenta y cinco (85) **b** sesenta y
tres (63), cincuenta y ocho (58), cincuenta y tres (53)
c cuarenta (40), ochenta (80) **d** dieciocho (18), veintiuno
(21) **e** dieciséis (16), nueve (9)

leccióndos 2

1

1 profesora 2 peluquero 3 cartero 4 abogada 5 juez
6 enfermera

2a

1 deportista 2 músico 3 fotógrafo 4 florista
5 estudiante 6 carpintero 7 modelo 8 jardinero

2b

1 Se llama Santiago Castizo y es deportista. 2 Se llama Álex
Ruiz y es músico. 3 Se llama Ricardo Romero y es
fotógrafo. 4 Se llama Pepa María Grial y es florista. 5 Se
llama Claudia Grande y es estudiante. 6 Se llama Luis
Ceballos y es carpintero. 7 Se llama Rita López y es
modelo. 8 Se llama Andrés Gómez y es jardinero.

3a

1 cuñado 2 madre 3 hijas 4 tío 5 hermana 6 nieto
7 mujer 8 yerno 9 nietas 10 suegros

3b

1 Juan de Lima López 2 Joaquín de Lima López 3 Ana
Comella López 4 Silvia Comella López

4

padre-hijo / abuelo-nieto / suegro-yerno / tío-sobrino /
primo-primo / cuñado-cuñado / madre-hija / abuela-nieta /
suegra-nuera / tía-sobrina / prima-prima / cuñada-cuñada

5

pelo oreja ojos nariz cuello boca

6

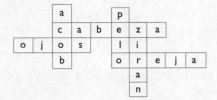

7a
Aspecto físico: gordo, calvo, bajo, rubio, moreno, delgado.
Profesión: taxista, pintora, deportista, abogada, cocinero, médico.
Familia: abuelo, primo, nuera, yerno, tío, hijos, cuñado, novio, padre, sobrino.
Partes del cuerpo: pelo, nariz, ojos, oreja.
Estado civil: soltero, casado, viven juntos, divorciado, separado, novio.

7b *Frases modelo*
Mi tío es rubio. Es cocinero. Está separado y no tiene hijos.
Mi cuñado es calvo. Es taxista. Está soltero.
Mi padre es abogado. Es calvo y está gordo.

8
David…treinta y dos…norteamericano…ingeniero…soltero
…Boston…alto, moreno, ojos verdes.

9

	Nombre	Profesión	Descripción	Parentesco con Ana
a	Ana	deportista	alta y morena	_____
b	Carlos	médico	rubio y bajo	hermano de Ana
c	Pedro	estudiante	alto y moreno	hijo de Ana
d	Enrique	taxista	delgado y calvo	marido de Ana
e	Pilar	enfermera	baja y morena	madre de Ana

10
1 ¿Cómo se llama usted?   2 ¿Cómo se escribe?
3 ¿De dónde es usted?   4 ¿A qué se dedica?

11
1 significa   2 escribe   3 repetir   4 despacio   5 alto

12

	yo	tú	él/ella/usted
el padre	mi	tu	su
la madre	mi	tu	su
los padres	mis	tus	sus
el hermano	mi	tu	su
la hermana	mi	tu	su
los hermanos	mis	tus	sus
el hijo	mi	tu	su
la hija	mi	tu	su
los hijos	mis	tus	sus

13b
1 ¿Puedes repetir?   2 ¿Puedes hablar más alto?   3 Es estudiante.   4 Ésta es su hermana.   5 ¿Trabaja en un banco?   6 ¿Es alto?   7 ¿Vale?   8 De acuerdo.

lección tres 3

1a
cocinar-2   escribir-3   señalar-8   discutir-5   bailar-1   dormir-4   hablar-7   hacer deporte-9   leer-6   ir en bicicleta-10

1b
1 Ellos bailan   2 Ellas cocinan   3 Begoña escribe   4 Andrew
5 Ellas discuten   6 Begoña lee   7 Ellos hablan   8 Lola señala
9 Ellos hacen deporte   10 Julián va en bicicleta

2

Grupo 1	Grupo 2	Grupo 3
trabaj**ar**	le**er**	viv**ir**
pag**ar**	com**er**	dorm**ir**
habl**ar**	v**er**	ven**ir**
estudi**ar**	tener	escrib**ir**
esqui**ar**	aprend**er**	**ir**

- Los verbos del grupo 1 terminan en **ar**.
- Los verbos del grupo 2 terminan en **er**.
- Los verbos del grupo 3 terminan en **ir**.

3

	viajar	leer	escribir
yo	viajo	leo	escribo
tú	viajas	lees	escribes
él/ella/usted	viaja	lee	escribe
nosotros/as	viajamos	leemos	escribimos
vosotros/as	viajáis	leéis	escribís
ellos/ellas/ustedes	viajan	leen	escriben

- **Yo**, en los tres grupos de verbos, termina siempre en **o**.
- **Tú** termina en **as** en el grupo **AR** y en **es** en los grupos **ER, IR**.
- **Él, ella** y **usted** terminan en **a** en el grupo **AR** y en **e** en los grupos **ER, IR**.
- **Nosotros y nosotras** terminan en **amos** en el grupo **AR**, en **emos** en el grupo **ER** y en **imos** en el grupo **IR**.
- **Vosotros y vosotras** terminan en **áis** en el grupo **AR**, en **éis** en el grupo **ER** y en **ís** en el grupo **IR**.
- **Ellos, ellas** y **ustedes** terminan en **an** en el grupo **AR** y en **en** en los grupos **ER, IR**.

4a
- **yo:** practico, leo, juego.
- **tú:** bebes, vives, hablas.
- **él/ella/usted:** escribe, come, sube.
- **nosotros/as:** vemos, escribimos, paseamos.
- **vosotros/as:** aprendéis, vivís, cantáis.
- **ellos/ellas/ustedes:** viajan, estudian, coleccionan.

4b
- **ar:** practicar, jugar, hablar, pasear, cantar, viajar, estudiar, coleccionar.
- **er:** leer, beber, comer, ver, aprender.
- **ir:** vivir, escribir, subir.

Soluciones

5

	nadar	comer	escribir
yo	nado	como	escribo
tú	nadas	comes	escribes
él/ella/usted	nada	come	escribe
nosotros/as	nadamos	comemos	escribimos
vosotros/as	nadáis	coméis	escribís
ellos/ellas/ustedes	nadan	comen	escriben

	trabajar	leer	subir
yo	trabajo	leo	subo
tú	trabajas	lees	subes
él/ella/usted	trabaja	lee	sube
nosotros/as	trabajamos	leemos	subimos
vosotros/as	trabajáis	leéis	subís
ellos/ellas/ustedes	trabajan	leen	suben

6

1 hablas…estudio 2 practicas…juego 3 estudiáis…
vamos…estudiamos…leemos 4 tocan…es…trabajan
5 cocináis…comemos 6 vive…aprende…viajo…aprendo
7 colecciona…viajan 8 escriben…es

7

1-e 2-d 3-a 4-b 5-c

8

1-c 2-d 3-a (3-e) 4-b 5-e 6-f (6-e)

9

ellos cantan…tú aprendes…nosotros cocinamos…
yo viajo…usted lee…vosotros estudiáis…él baila…
yo vivo…ella estudia…

10

1 Nadan para estar en forma. 2 Mis hermanos esquían
en los Pirineos. 3 ¿Estudias español para viajar por Chile?
4 Practico *windsurf* en Tarifa. 5 Escribo una postal a mis
amigos. 6 Viajo en avión para llegar antes. 7 ¿Tu hermano
juega al baloncesto?

11

1 Nuestro 2 Vuestras 3 Sus 4 Su 5 Sus
6 Vuestro 7 Nuestras

12

1 nuestro 2 Vuestro 3 Sus 4 Vuestras…nuestros 5 sus
6 su 7 su 8 Vuestra 9 Nuestras 10 tu

13

Frida Kahlo … Fernando Botero … Diego Velázquez … Arturo
Michelena … Francisco de Goya … Diego Ribera … Salvador
Dalí … Joaquín Sorolla

lección cuatro 4

1

dormitorios…baño…comedor…cocina…terraza…
93 444 33 99…Luis Rodríguez

2

a La silla está encima de la alfombra. b La alfombra está en
frente del sofá. c El sofá está entre la planta y la lámpara.
d La lámpara está al lado de la ventana.

3

a desayuna b trabaja c duermo d preparas e descansa
f tomamos g puedo h habla i aparco j guarda k recuerdo

4a

a está b hay c está d está e hay f están g está h hay

4b

a ¿Dónde está la nevera? b ¿Qué hay en el salón?
c ¿Dónde está el ordenador? d ¿Dónde está la lámpara?
e ¿Qué hay en el dormitorio? f ¿Dónde están la mesa y las sillas?
g ¿Dónde está el microondas? h ¿Qué hay en la habitación?

5

1 hay…está…está 2 está…hay 3 hay 4 está 5 está
6 hay…está 7 hay…está 8 está…hay 9 están…hay

6a

el…la los…las

6b

el comedor **el** coche **los** espejos **la** terraza **el** garaje
las ventanas **las** camas **las** radios **el** cuarto de baño

7a

un…una unos…unas

7b

una cocina **un** dormitorio **unas** plantas **unos** armarios
una ducha **unas** puertas **unos** libros **unas** lámparas
unos sofás

8

	masculino			femenino		
	singular	plural		singular	plural	
el	mío	los	míos	la	mía	las	mías
el	tuyo	los	tuyos	la	tuya	las	tuyas
el	suyo	los	suyos	la	suya	las	suyas
el	nuestro	los	nuestros	la	nuestra	las	nuestras
el	vuestro	los	vuestros	la	vuestra	las	vuestras
el	suyo	los	suyos	la	suya	las	suyas

9

1 el mío 2 el mío 3 la mía 4 el nuestro 5 nuestro 6 las
tuyas

10a

espacioso-con espacio amueblado-con muebles luminoso-con
luz soleado-con sol caluroso-con calor ruidoso-con ruido

10b

+ : muy espacioso, reformado, muy luminoso, bastante
soleado, muchos muebles, muy bien
- : muy pequeña, muy caluroso, muy frío, un poco ruidoso

11

1 amplia 2 oscuro 3 bonito 4 pequeña 5 luminoso
6 grandes 7 céntrica 8 alegres 9 ruidosos
10 interesantes 11 reformado 12 cómodas

12

1 la…tu 2 mi 3 al…mi 4 la…la 5 tu 6 mi…el
7 de…las 8 mi…tu

Las palabras que he completado tienen una pronunciación suave.

lección cinco 5

1

En el restaurante: pedir el menú, pagar la cuenta, flan, postre, arroz, segundo plato, bebida, pan, tomar la sopa, cliente.
En la ciudad: ir de tiendas, ayuntamiento, visitar la catedral, hospital, parque, teatros, cine, escuela, plaza mayor, estación de metro, comprar.

2a

café-Colombia wan-tun-China moussaka-Grecia crêpe-Francia paella-España frijoles-México sushi-Japón pizza-Italia gulash-Hungría hamburguesa-Estados Unidos feijoada-Brasil

2b

El café es colombiano…El wan-tun es chino…La moussaka es griega…La crêpe es francesa…La paella es española…Los frijoles son mexicanos…El sushi es japonés…La pizza es italiana…El gulash es húngaro…La hamburguesa es estadounidense…La feijoada es brasileña

3

1-c 2-d 3-b 4-a

4

a-3 b-2 c-1 d-4

5a

CAMARERO: Buenas tardes. ¿Quiere la carta?
CLIENTE: Sí, por favor.
CAMARERO: Aquí tiene.
CLIENTE: Gracias.
……
CAMARERO: ¿Ya sabe qué quiere de primero?
CLIENTE: Sí, quiero un plato de pasta.
CAMARERO: Muy bien, y ¿de segundo?
CLIENTE: De segundo… quiero carne.
CAMARERO: ¿Quiere agua para beber?
CLIENTE: No, quiero vino. El de la casa, ¿es bueno?
CAMARERO: Sí, es muy bueno.
CLIENTE: ¿Quiere postre?
CAMARERO: Sí, un flan, por favor.
……
CLIENTE: La cuenta, por favor.
CAMARERO: Aquí tiene.
CLIENTE: Muchas gracias.
CAMARERO: A usted.

5b

1 un plato de pasta…carne a la brasa…vino…un flan
2 El verbo querer

6

	entender	pensar
yo	entiendo	pienso
tú	entiendes	piensas
él/ella/usted	entiende	piensa
nosotros/as	entendemos	pensamos
vosotros/as	entendéis	pensáis
ellos/ellas/ustedes	entienden	piensan

• La **e** se transforma en **ie** en la **primera**, **segunda** y **tercera** personas del **singular**, y en la **tercera** persona del **plural**.
• La **e** no cambia en la **primera** y **segunda** personas del **plural**.

7

1 Serrano…181…tercero segunda (3.º, 2.ª)…28002
2 Sierpes…15…primero tercera (1.º, 3.ª)…41004
3 Aragón…25…tercero cuarta (3.º,4.ª)…08030
4 Miguel Servet…123…quinto tercera (5.º, 3.ª)…50113

8

1-a 2-c 3-b 4-f 5-d 6-e

9

1 quiero…paella…quieres 2 quiero…carne
3 prefieres…carne…pescado 4 prefiero…pescado
5 quieren 6 quiero…fruta 7 tarta

10a

1 aquella…aquélla 2 esa…ésa 3 estos…éstos
4 Esos…ésos 5 esta…ésta 6 Estas…éstas…aquéllas
7 aquella…aquélla

10b

a-5 b-7 c-2
1 allí 3 aquí 4 ahí 6 aquí…allí

11

1 este 2 esa 3 aquella 4 estos 5 estas 6 estas

12

1 novena 2 primero…segundo 3 séptimo 4 primera
5 octavo 6 primer 7 primero

13a

1 entiendo…puedo 2 recuerdas…pienso…escuela
3 quieres…prefiero…huevos 4 duermes 5 puedes…siete
6 siete…pie 7 puerto…diecinueve

13b

No entiendo…no puedo • Recuerdas…que lo pienso…de la escuela • Quieres…prefiero una… • duermes • si puedes… siete…a pie • el puerto…diecinueve.

lección seis 6

1

medicamentos-farmacia • sobres y sellos-estanco vino-bodega • sandalias-zapatería • perfume-perfumería • rosas-floristería • manzanas-frutería • pan-panadería • pasteles-pastelería • libros-librería

2

1 floristería 2 droguería 3 quiosco 4 joyería
5 tienda de fotos

3

a prefieres b las c Quería
d cuesta…vale (vale)…cuesta) e talla f los

4

1-d 2-h 3-e 4-j 5-a 6-k 7-c 8-i 9-f 10-b 11-g

5

unos zapatos de tacón-3 un bolso de piel-5 una falda larga-1
un jersey-2 un perfume-4 una chaqueta amarilla-6

Soluciones

6

a un kilo de manzanas   b medio kilo de plátanos
c una botella de aceite   d una docena de huevos
e un paquete de azúcar   f una lata de aceitunas

7

a Qué…Qué (o Cuáles en Hispanoamérica)   b Cuál
c cuáles   d Qué (o Cuál en Hispanoamérica)

8a

Comparativos				
menos	+	baratos	+	que
más	+	alta	+	que
tan	+	bonita	+	como
mejor		+		que
peor		+		que

Superlativo				
el/la	+	más	+	caro/a
				carísima

8b

a más…que   b mayor   c menos…que   d más
e tanto…como…más

9

mejor…qué…busco…más…que…esa…azul…cuánto…
baratísima…comprar…carísimas

10

En el diálogo **a** aparecen el **artículo** y el **sustantivo**.
En el diálogo **b** aparece el **pronombre**.

11

1 ¿Lo puedo ver, por favor?   2 ¿Las puedo ver, por favor?
3 Sí, aquí todos los abrigos son bonitos…¿Los puedo ver, por
favor?   4 Sí, aquí todas las camisas son baratas…¿La puedo
ver, por favor?

12

	masculino		femenino	
	singular	plural	singular	plural
artículos	el	los	la	las
pronombres	lo	los	la	las

1 diferentes   2 iguales   3 iguales   4 iguales

13

a lo   b la   c las   d la   e lo   f las   g la   h la   i la

14

1 veinticinco mil quinientas setenta y siete
2 ochenta y cinco mil cuatrocientas treinta y dos
3 treinta y cuatro mil ochocientas ochenta
4 diez mil novecientas cincuenta y tres
5 diecisiete mil seiscientas treinta y dos

15

a son trece   b son doscientos cuarenta   c mil

16

1↗   2↘   3↗   4↘   5↗   6↘   7↗   8↘   9↘   10↗
11↘   12↗

(Aclaración: Las preguntas 2, 4, 6, 8, 9 y 11 tienen la
entonación descendente ↘ porque se inician con las palabras
cuánto, cuál, qué, dónde, cuántos, cómo.)

lección siete 7

1

texto 1-a   texto 2-b

2

a voy   b se corta   c comemos   d ves   e veo   f estudiáis   g llaman

3

a ¿Dónde comes normalmente?   b ¿Cuántas veces vas al
gimnasio?   c ¿Cuántas veces vas al cine?   d ¿Cuándo se
levantan? (¿A qué hora se levantan?)   e ¿Cuándo se ducha? (¿A
qué hora se ducha?)   f ¿Cuándo cenáis? (¿A qué hora cenáis?)

4

1 Son las tres y media.   2 Son las dos menos cuarto.
3 Es la una en punto.   4 Son las cinco y veinte.
5 Son las cuatro menos diez.

5

1 Ella se levanta.   2 Ella acuesta a un niño.   3 Él se viste.
4 Él se afeita.   5 Ella levanta una silla.   6 Ella se acuesta.
7 Él viste a una mujer.   8 Él afeita a un hombre.

6

1 Yo me peino y después peino a mi hermana.
2 Nosotros nos bañamos y después bañamos al perro.
3 Mi hija se levanta y después levanta a su hermano.
4 Mi hijo se despierta y después despierta a mi hija.

7

1 sales…salgo   2 pones…pongo   3 pedimos…pido   4 se viste…
vestirme   5 pone…pongo   6 Salgo…salís   7 dices…digo

8

1 hago…hace   2 tengo…tienes   3 repite…repiten
4 sigue…siguen   5 reímos   6 dices…digo

9

1 Está jugando   2 Está pintando   3 Está comiendo
4 Está lavando   5 Está saltando   6 Está corriendo

10

1 estoy haciendo   2 estamos comiendo   3 Estamos
desayunando   4 estás haciendo…Me estoy duchando
5 están estudiando   6 está durmiendo…está leyendo
7 están negociando

11

a-6   b-4   c-1   d-2   e-3   f-5

12

durante…después de…desde…hasta…al mediodía…por la
tarde…antes de

13

1 vienes…nado…juego   2 hacéis…vamos…salimos…
visitamos…nos levantamos   3 vamos…trabajo…voy
4 comes…tengo…me quedo…como

14

La **r** tiene sonido fuerte al **inicio** de palabra (por ejemplo, *rojo*) y cuando se escribe con dos **erres** (por ejemplo, *correr*).

La **r** tiene sonido suave **entre** dos vocales (por ejemplo, *caro*), al **final** de sílaba (por ejemplo, *catorce*) o **después** de consonante (por ejemplo, *trece*).

lección ocho 8

1
1 te gustan…me gustan…me gusta…les gustan 🔊
2 me gusta…nos gusta 🔊   3 te gusta…me encanta…me aburre 🔊   4 me gusta…Me interesa 🔊
5 Me encanta…me aburre…me gusta 🔊

2
1 A mí también (estás de acuerdo)
2 A mí tampoco (estás de acuerdo)
3 A mí no (estás en desacuerdo)
4 A mí sí (estás en desacuerdo)

3
diálogos incorrectos: 1, 5 y 7.
correcciones: 1 Yo también.   5 Yo tampoco.   7 Yo tampoco.

4
tampoco   también   también   tampoco

5
Ya ha hecho: Ya ha llamado al señor Rodríguez. Ya ha escrito la carta a SEPRISA. Ya ha enviado el correo. Ya ha dicho en la reunión su opinión sobre el nuevo proyecto. Ya ha visto el último informe.

Todavía no ha hecho: Todavía no ha hecho las fotocopias para Pedro. Todavía no ha buscado en Internet direcciones sobre comercio. Todavía no ha mirado los nuevos ordenadores. Todavía no ha puesto en orden el escritorio. Todavía no ha enviado el proyecto al jefe.

6
he conocido…han venido…ha venido…ha vivido…
he conocido…he enamorado…ha gustado…ha hecho…
he viajado…ha hecho…hemos salido

7
1 has hecho…ha ayudado…he terminado (hemos terminado)   2 ha gustado…ha parecido…se ha aburrido
3 se han ido…han salido…han recogido…se han ido
4 has ordenado…he ordenado…he recogido…has hecho

8
1 Me duele la cabeza.   2 Me duele el oído.   3 Me duele el estómago.   4 Me duele la espalda.   5 Me duele el codo.
6 Me duelen las muelas.

9
1 ¿Te gusta mucho bailar? o ¿Bailar te gusta mucho?
2 Me aburren las novelas de amor o Las novelas de amor me aburren.   3 Nos gusta dormir o Dormir nos gusta.
4 Le encanta enviar correo electrónico o Enviar correo electrónico le encanta.   5 Nos interesa mucho la cultura indígena o La cultura indígena nos interesa mucho.
6 ¿Os gusta la comida mexicana? o ¿La comida mexicana os gusta?   7 No nos gusta nadar o Nadar no nos gusta.
8 ¿Qué os parece la última película de Almodóvar? o ¿La

última película de Almodóvar qué os parece?…Es muy buena
9 ¿Os gusta la paella? o ¿La paella os gusta?…¡Sí, nos encanta!

10
1 le…se   2 les…se   3 le…le   4 se…le   5 les…les…se
6 le…le…se   7 les…le   8 le…se

11
1 estoy   2 es…es…está   3 estado…está   4 es   5 es
6 está   7 está   8 está…es

12
sorpresa: 4, 5, 8   **Queja:** 1, 2, 7   **Admiración:** 3, 6, 9

lección nueve 9

1
1 F   2 V   3 F   4 V   5 F

2
1 Porque tiene que preparar el ensayo general…No.
2 Porque necesita preparar un trabajo…Sí.
3 Porque ha conocido una chica y no sabe qué tiene que hacer…Sí.   4 porque quiere ir a la escuela en coche…No.

3
1 El vestido rojo…A Lola.   2 La cámara de vídeo…A Julián.
3 Los apuntes de clase…A Begoña.   4 La camiseta de los Lakers…A Andrew.

4
a No se puede aparcar.   b No se puede pisar la hierba.
c No se puede tirar basura.   d Se puede fumar.
e No se puede jugar a la pelota.   f Se puede nadar.

5
Se puede: interrumpir al ayudante mientras está hablando…hacer preguntas…proponer alternativas.

No se puede: ser agresivo en la reunión…hacer bromas en cualquier momento.

6a
1 invitación de boda   2 fiesta universitaria   3 fiesta de fin de año   4 conferencia

6b
a-2…3   b-1   c-3   d-1   e-2…3   f-3   g-4   h-1

7a
en una empresa-4   en una fiesta de cumpleaños-2   en una clase-1   en una boda-3

7b
Felicitar: Os felicito…Feliz cumpleaños…
Enhorabuena…Felicidades
Agradecer: Gracias…Muchas gracias…Un millón de gracias…Mil gracias
Responder al agradecimiento: De nada…A ti…A vosotros…De nada

8
entradas para el concierto-1   pantalones-4   película-3
piso-2   libro-6   sopa-5

9
1-d   2-a   3-b   4-c   5-j   6-e   7-g   8-i   9-h   10-f

Soluciones

10

	pasar	comer	escribir
tú	pasa	come	escribe
usted	pase	coma	escriba
vosotros/as	pasad	comed	escribid
ustedes	pasen	coman	escriban

La forma **tú** termina en **a** en los verbos en **AR** y en **e** en los verbos en **ER** e **IR**.
La forma **usted** termina en **e** en los verbos en **AR** y en **a** en los verbos en **ER** e **IR**.
Las formas **vosotros** y **vosotras** terminan en **ad** en los verbos **AR**, en **ed** en los verbos **ER** y en **id** en los verbos en **IR**.
La forma **ustedes** termina en **en** en los verbos en **AR** y en **an** en los verbos en **ER** c **IR**.

11a
a coge   b poned…servid   c termina   d cierra
e corte…limpie   f abre

11b
a Cógela.   b Ponedla…Servidlos.   c Termínalos.   d Ciérrala.
e Córtelas…Límpielo.   f Ábrela.

12
1-a   2-e   3-c   4-b   5-d
1 la chaqueta   2 el ordenador   3 el pan   4 la maleta
5 una canción

13
1 Me   2 se   3 se   4 os   5 se.
Se transforman en se.

14
1 Ya me ha llamado tres veces.   2 Pero yo no he visto las llaves.   3 Hay un niño pequeño de cinco años en la puerta.
4 Yo no sé qué está haciendo en España.   5 Hoy he venido por la calle Santiago.

lecciónc diez 10

1
Begoña y Julián estuvieron muy ocupados y buscaron exteriores. Andrew y Lola fueron juntos a la biblioteca y comieron en el centro.
Los cuatro salieron a cenar.

2
Ana: se levantó…desayunó…fue…comió…fue…fue
José: se levantó…se duchó…desayunó…fue…comió…llamó…fue

3

	trabajar	nacer	vivir
yo	trabajé	nací	viví
tú	trabajaste	naciste	viviste
él/ella/usted	trabajó	nació	vivió
nosotros/as	trabajamos	nacimos	vivimos
vosotros/as	trabajasteis	nacisteis	vivisteis
ellos/ellas/ustedes	trabajaron	nacieron	vivieron

trabajar: **é, aste, ó, amos, asteis, aron**
nacer: **í, iste, ió, imos, isteis, ieron**

No (los verbos en **ER** y los verbos en **IR** tienen las mismas terminaciones).

4
1 fueron…Estuvieron   2 dijo…dijimos   3 tuvieron…nació
4 te enteraste…supe   5 vino…vinieron   6 fueron…entraron
7 pude…pudiste

5
Nació…Terminó…Ocupó…Empezó…Viajó…descubrió…Recibió…Murió

6
1-h   2-b   3-a   4-g   5-d   6-c   7-f   8-e

7
a Ayer o El jueves   b alguna vez   c en 1492
d El jueves o Ayer   e Hoy   f Este verano

8a
contrató…he informado…salió…se encontró…fueron…tomó…ensayaron…regresó…salió…ha salido…han comprado…han desayunado…han ido…han vuelto…han ido…ha comprado…se ha ido

8b
Pretérito perfecto: esta tarde, hoy, esta mañana, esta noche
Pretérito indefinido: la semana pasada, ayer

9
1 El otro día…esta mañana   2 Esta semana…la semana pasada
3 hace un momento…ayer   4 veinticinco años…este año
5 este fin de semana…el viernes pasado   6 El domingo…este año   7 El otro día…hoy   8 en abril…este mes

10
a desayunamos   b escribió   c hizo   d pudimos   e supo
f quise   g comió

11
1 Esta tarde…ayer   2 hace un rato…la semana pasada
3 hace veinticinco años…hoy   4 Anteayer…esta semana
5 Este mes…la semana pasada

12
1 No hablo mucho.   2 bailó en el parque.   3 Canto mi canción.   4 Camino por la calle.   5 Invitó a sus amigos.
6 Dibujó un paisaje.   7 Fumó un cigarro.   8 Corto la carne.
9 No lavo el coche.
En las frases de la derecha, el verbo está en **pretérito indefinido**.
En las frases de la izquierda, el verbo está en **presente**.

lecciónc once 11

1
1 era…tenía   2 sabíamos…preguntamos   3 estaban…llegó
4 fueron…estaba   5 me encontré…contó

2
estaba…era…vivía…había…había…iba…era…existía…leía
…conocían…necesitaban…hablaban…escribían
estaba-**estar**   era-**ser**   iba-**ir**   tenían-**tener**   vivían-**vivir**
necesitaban-**necesitar**

3

	trabajar	comer	vivir
yo	trabajaba	comía	vivía
tú	trabajabas	comías	vivías
él/ella/usted	trabajaba	comía	vivía
nosotros/as	trabajábamos	comíamos	vivíamos
vosotros/as	trabajabais	comíais	vivíais
ellos/ellas/ustedes	trabajaban	comían	vivían

trabajar: aba, abas, aba, ábamos, abais, aban
comer: ía, ías, ía, íamos, íais, ían

No (los verbos en ER y los verbos en IR tienen las mismas terminaciones).

4
1 queríamos   2 llegaba   3 dijeron   4 llamé   5 estaban
6 fuiste   7 fui   8 viajé
1-g   2-f   3-a   4-e   5-b   6-d   7-c   8-h

5
1 No fue fácil…   2 Primero busqué…
3 Después de…   4 Luego intenté…
5 Al final…

6
1 ¡No me digas!   2 ¡Qué raro!
3 ¡Qué suerte!   4 ¡Qué lástima!
5 ¡Lo siento!   6 ¿Y qué?…¡Me alegro!

7
Presente: voy, das, paseo, compran, son.
Imperativo: pasad, oiga, ¿di?, abra, entrad.
Indefinido: llovió, dijisteis, llamaron, fue, estuvo.
Perfecto: han visto, he entrado, hemos dicho, ha preguntado, has entrado.
Imperfecto: andaba, comías, leían, estábamos, hacía.

8
temperaturas…tormentas…lluvia…calor…sol…nubes…viento

9
Alegría: ¡Qué suerte! ¡Qué bien! ¡Fantástico!
Interés: ¿Y qué? ¿De verdad? ¿Ah sí?
Sorpresa: ¡No me digas! ¡Qué raro! ¡Qué sorpresa!
Pena: ¡Qué lástima! ¡Lo siento! ¡Qué triste!

10
1 Mi plan era salir…   2 Primero en el aeropuerto…
3 Después decidimos…   4 Cuando regresamos a…
5 Un día…

11
1 alguien…nadie   2 algo…nada
3 alguno…ninguno   4 nadie…alguien
5 algo…nada   6 algo…nada…alguien

12
sonido suave: García, Rodríguez, alguien, algo, alguno, gracias, globo.
sonido fuerte: jamón, jerez, jirafa, rojo, jueves, genial, imagina.

El sonido es suave cuando se escribe ga, gue, gui, go, gu, gr, gl.
El sonido es fuerte cuando se escribe ja, je, ji, jo, ju, ge, gi.

leccióndoce 12

1
voy a hacer…quiero ir (voy a ir)…piensas hacer…vas a acabar (vas a hacer)…voy a dormir…voy a llevar…vas a hacer…voy a hacer…voy a utilizar…voy a visitar…voy a ir

2
1-a   2-b   3-c   4-e   5-d   6-f

3a
1 pasaporte   2 restaurante   3 hotel   4 avión   5 cámping
6 maleta   7 turista   8 billetes   9 reserva   10 tren
11 agencia   12 *auto-stop*

3b
1 maleta   2 avión   3 tren   4 billetes   5 pasaporte
6 cámping   7 hoteles   8 restaurante   9 reserva
10 *auto-stop*   11 agencia   12 turistas

4
1 El camino

5
1 río   2 excursión   3 playa   4 montaña   5 norte   6 pueblo

6
1 a…del   2 al   3 desde…hasta   4 de…a   5 a…al
6 en…desde…hasta

7
1 entró en   2 sale de   3 llegó a   4 ir de…volver a
5 quedarse en   6 sales de   7 vuelve a   8 ir a
9 paseó por

8
1 va a   2 quieren   3 piensas   4 queréis   5 piensas   6 vas a
7 vais a   8 vamos a   9 piensas   10 quieres

9
ANDREW: ¿Diga?
JUAN: Hola Andrew, soy Juan. ¿Qué tal?
ANDREW: Hola Juan.
JUAN: ¿Te apetece ir al cine?
ANDREW: Sí, pero no puedo. Es que tengo que estudiar.
JUAN: ¿Y vas a estudiar toda la tarde?
ANDREW: Sí, tengo un examen mañana.
JUAN: ¿Te va bien pasado mañana?
ANDREW: Vale, podemos quedar sobre las ocho.
JUAN: De acuerdo. Suerte con el examen. Hasta luego.
ANDREW: Gracias. Adiós.

10
a voy a llamar   b Lo siento   c Gracias   d llamo más tarde

11
1 que   2 donde   3 donde   4 que   5 donde
6 donde   7 que   8 que   9 que   10 donde
11 donde   12 donde   13 donde   14 que
15 que   16 donde   17 que…donde

12
K: Cádiz, Córdoba, Santiago de Compostela, Salamanca.
S: Sevilla, Salamanca, San Sebastián, Santiago de Compostela.
Z: Cádiz, Valencia, Barcelona, Lanzarote, Zaragoza, Ibiza.
La c tiene el sonido de K cuando se escribe ca, co, y cu.
La c tiene el sonido de Z cuando se escribe ce,

apéndice léxico

En estas listas se recogen algunas palabras de cada lección que puedes traducir a tu lengua antes, durante o después del estudio de cada lección. Algunas palabras pueden estar motivadas por su relación de significado con las palabras de la lección.

Las palabras están agrupadas por clases: nombres, adjetivos (adj.), adverbios (adv.), expresiones (expr.) y verbos (v.), y por los temas a los que se refieren.

Los nombres que sólo tienen una forma llevan delante los artículos *el* o *un*, o bien los artículos *la* o *una* para indicar el género de concordancia en masculino o femenino. Los nombres que tienen dos formas (como *enfermero, enfermera*) llevan delante los artículos *el / la* para indicar la forma del género de concordancia.

Hay dos palabras (*agua* y *hambre*) que son de concordancia en femenino (f.), pero que se usan con el artículo *el*, por los motivos que se explican en el Apéndice Gramatical del *Libro del alumo*.

Los nombres y los adjetivos que tienen dos formas aparecen en la forma del masculino y con la terminación de la forma correspondiente del femenino: *extranjero, ra; alemán, na*. Si sólo aparece una forma, como en *internacional*, quiere decir que se usa la misma forma para las dos concordancias: en masculino y en femenino.

Se agrupan aparte, como expresiones (expr.), las exclamaciones o conjuntos de palabras que constituyen una unidad expresiva.

Los verbos aparecen en infinitivo e indican la clase de objeto al que se suelen referir: inanimado (*algo*), de persona (*a una persona*), preposicional (*de una persona, con una persona, en un lugar, por un lugar*, etc.).

Se indica el sujeto gramatical (*una persona*) en el caso de los verbos pronominales y reflexivos, terminados en *–arse, –erse, –irse: acostar a una persona / **acostarse una persona***, para señalar la diferencia del verbo no pronominal correspondiente.

Apéndice léxico

lección uno 1

la nacionalidad: _____

el país: _____

la lengua: _____

el mundo: _____

el año: _____

el mes: _____

el día: _____

la tarde: _____

la noche: _____

la mañana: _____

el mediodía: _____

la medianoche: _____

el lápiz: _____

el bolígrafo: _____

el papel: _____

la cartera: _____

el bolso: _____

las gafas: _____

la persona: _____

el pasaporte: _____

la dirección: _____

el nombre: _____

el apellido: _____

la firma: _____

el teléfono: _____

la edad: _____

la tarjeta personal: _____

el número: _____

la letra: _____

el saludo: _____

la despedida: _____

extranjero, ra, (adj.): _____

internacional, (adj.): _____

alemán, na, (adj.): _____

americano, na, (adj.): _____

español, la, (adj.): _____

estadounidense, (adj.): _____

europeo, a, (adj.): _____

francés, sa, (adj.): _____

inglés, sa, (adj.): _____

británico, ca, (adj.): _____

italiano, na, (adj.): _____

japonés, sa, (adj.): _____

mexicano, na, (adj.): _____

norteamericano, na, (adj.): _____

portugués, sa, (adj.): _____

ruso, sa, (adj.): _____

venezolano, na, (adj.): _____

fácil, (adj.): _____

difícil, (adj.): _____

tarde, (adv.): _____

temprano, (adv.): _____

¡Hola!, (expr.): _____

¡Adiós!, (expr.): _____

¡Qué fácil!, (expr.): _____

¡Qué difícil!, (expr.): _____

despedirse *una persona de una persona*: _____

presentar *a una persona*: _____

llamarse *una persona un nombre*: _____

vivir *en un lugar*: _____

estudiar *algo*: _____

tener *algo*: _____

hacer *algo*: _____

leer *algo*: _____

escribir *algo*: _____

aprender *algo*: _____

viajar *a un lugar*: _____

conocer *a una persona / algo*: _____

lección dos 2

la profesión: _____

el / la abogado, da: _____

el actor / la actriz: _____

el / la arquitecto, ta: _____

el / la cantante: _____

el / la carpintero, ra: _____

el / la cartero, ra: _____

el / la doctor, ra: _____

el / la enfermero, ra: _____

el / la escritor, ra: _____

el / la estudiante: _____

el / la fotógrafo, fa: _____

el / la ingeniero, ra: _____

el / la juez, za: _____

el / la mecánico, ca: _____

el / la médico, ca: _____

el / la músico, ca: _____

el / la peluquero, ra: _____

el / la periodista: _____

el / la pintor, ra: _____

el / la policía: _____

el / la profesor, ra: _____

el / la secretario, ria: _____

el / la famoso, sa: _____

la cara: _____

la barba: _____

el bigote: _____

el pelo: _____

las orejas: _____

la nariz: _____

los ojos: _____

la foto: _____

la gente: _____

la familia: _____

el / la abuelo, la: _____

el / la amigo, ga: _____

el / la cuñado, da: _____

el / la hermano, na: _____

el / la hijo, ja: _____

el / la nieto, ta: _____

el / la niño, ña: _____

el / la novio, via: _____

el / primo, ma: _____

el / la señor, ra: _____

el / la sobrino, na: _____

el / la suegro, gra: _____

cl / la tío, a: _____

el marido / la esposa: _____

el padre / la madre: _____

el yerno / la nuera: _____

el hombre / la mujer: _____

la boda: _____

soltero, ra, (adj.): _____

casado, da, (adj.): _____

divorciado, da, (adj.): _____

viudo, da, (adj.): _____

alto, ta, (adj.): _____

bajo, ja, (adj.): _____

delgado, da, (adj.): _____

gordo, da, (adj.): _____

feo, a, (adj.): _____

guapo, pa, (adj.): _____

joven, (adj.): _____

adulto, ta, (adj.): _____

viejo, ja, (adj.): _____

moreno, na, (adj.): _____

rubio, bia, (adj.): _____

famoso, sa, (adj.): _____

tocar *un instrumento musical*: _____

trabajar *(en un lugar)*: _____

dedicarse *una persona a hacer algo*: _____

ver *algo / a una persona*: _____

acompañar *a una persona*: _____

cantar *algo*: _____

cocinar *un plato*: _____

coleccionar *algo*: _____

dibujar *algo*: _____

hablar *una lengua / con una persona*: _____

decir *algo*: _____

repetir *algo*: _____

casarse *una persona con una persona*: _____

lección tres 3

la afición: _____

el baloncesto: _____

la bicicleta: _____

el deporte: _____

el equipo: _____

la pelota: _____

el juego: _____

la música: _____

el fútbol: _____

el esquí: _____

la canción: _____

el (radio)casete: _____

la casete (cinta): _____

el grupo: _____

el trabajo: _____

las vacaciones: _____

la carta: _____

el sello: _____

la postal: _____

la oficina de correos: _____

el periódico: _____

la radio: _____

la informática: _____

el coche: _____

el autobús: _____

el metro: _____

la estación: _____

el animal: _____

el / la perro, a: _____

el / la gato, a: _____

importante, (adj.): _____

interesante, (adj.): _____

siguiente, (adj.): _____

comer a la carta, expr: _____

comprender *algo*: _____

saber *algo*: _____

saludar *a una persona*: _____

entender *algo*: _____

escuchar *algo / a una persona*: _____

ir *a un lugar*: _____

discutir *algo*: _____

dormir, (v.): _____

pasear *por un lugar*: _____

nadar, (v.): _____

jugar *a algo*: _____

mirar *algo / a una persona*: _____

lección cuatro 4

la casa: _____

el piso: _____

el rascacielos: _____

la oficina: _____

el comedor: _____

la habitación: _____

el dormitorio: _____

la cocina: _____

el recibidor: _____

el pasillo: _____

el salón: _____

el baño: _____

el lavabo: _____

la ducha: _____

el ascensor: _____

la terraza: _____

el balcón: _____

el garaje: _____

el jardín: _____

el alquiler: _____

la pared: _____

el suelo: _____

el techo: _____

la ventana: _____

la escalera: _____

la puerta: _____

la luz: _____

la alfombra: _____

la lámpara: _____

el espejo: _____

el cuadro: _____

la estantería: _____

la biblioteca: _____

el armario: _____

la cama: _____

el mueble: _____

la mesa: _____

la silla: _____

el sillón: _____

el sofá: _____

la nevera: _____

la lavadora: _____

el ordenador: _____

el televisor: _____

exterior, (adj.): _____

interior, (adj.): _____

grande, (adj.): _____

pequeño, ña, (adj.): _____

enorme, (adj.): _____

amplio, plia, (adj.): _____

claro, ra, (adj.): _____

oscuro, ra, (adj.): _____

nuevo, va, (adj.): _____

moderno, na, (adj.): _____

antiguo, gua, (adj.): _____

a la derecha, (expr.): _____

a la izquierda, (expr.): _____

mover *algo*: _____

necesitar *algo*: _____

entrar *en un lugar*: _____

guardar *algo*: _____

ordenar *algo*: _____

pasar *por un lugar*: _____

pintar *algo*: _____

poner *algo en un lugar*: _____

traer *algo*: _____

utilizar *algo*: _____

venir *de un lugar*: _____

descansar, (v.): _____

buscar *algo / a una persona*: _____

encontrar *algo / a una persona*: _____

lección cinco 5

el mercado: _____

el / la cliente, ta: _____

la comida: _____

el alimento: _____

el hambre (f.): _____

el menú: _____

el arroz: _____

la carne: _____

el pescado: _____

la ensalada: _____

el marisco: _____

la paella: _____

el pan: _____

la salsa: _____

la sopa: _____

la tapa: _____

la verdura: _____

el jamón: _____

el pollo: _____

el postre: _____

el helado: _____

el pastel: _____

el queso: _____

el flan: _____

la fruta: _____

el aceite: _____

la sed: _____

la bebida: _____

el refresco: _____

el agua (f.): _____

el vino: _____

la cerveza: _____

Apéndice léxico

el café: _____
el té: _____
el chocolate: _____
el cigarrillo: _____

la ciudad: _____
el barrio: _____
el centro: _____
el edificio: _____
el ayuntamiento: _____
la iglesia: _____
la catedral: _____
el hospital: _____
la escuela: _____
el cine: _____
el teatro: _____
la discoteca: _____
el hotel: _____
el restaurante: _____
el bar: _____
la calle: _____
la avenida: _____
el semáforo: _____
el cruce: _____

turístico, ca, (adj.): _____
próximo, ma, (adj.): _____
vegetariano, na, (adj.): _____
cansado, da, (adj.): _____

el dinero: _____
la moneda: _____
el principio de, (expr.): _____

al principio, (expr.): _____

el final de, (expr.): _____

al final, (expr.): _____

la esquina: _____
en la esquina, (expr.): _____

_____

señalar *a / hacia un lugar*: _____
girar *a / hacia un lugar*: _____
informar *a una persona de algo*: _____

observar *algo / a una persona*: _____

pensar *en algo / en una persona*: _____

querer *algo / a una persona*: _____
beber *algo*: _____
comer *algo*: _____
comprar *algo*: _____
vender *algo*: _____
dar *algo a una persona*: _____
pagar *algo (a una persona)*: _____

_____

pedir *algo a una persona*: _____
recomendar *algo a una persona*: _____

tomar *algo*: _____
seguir *a una persona / algo / por un lugar*: _____

_____

lección seis 6

la tienda: _____
el probador: _____
el / la dependiente, ta: _____
la ropa: _____
la talla: _____
el traje: _____
el vestido: _____
la chaqueta: _____
el pantalón: _____
la falda: _____
la camisa: _____
la camiseta: _____
la blusa: _____
el jersey: _____
el abrigo: _____
la bufanda: _____
los calcetines: _____
las medias: _____
el pijama: _____
el chándal: _____
el cinturón: _____
la corbata: _____
el reloj: _____
los zapatos: _____
las botas: _____

la carnicería: _____
la droguería: _____
el estanco: _____
la farmacia: _____
la floristería: _____
la frutería: _____
la joyería: _____
la librería: _____
la panadería: _____
la papelería: _____
la pastelería: _____
la perfumería: _____
la pescadería: _____
el quiosco: _____
la zapatería: _____

el zumo: _____
la naranja: _____
el limón: _____

el litro: _____

el kilo: _____
el paquete: _____
la lata: _____
la botella: _____
el regalo: _____
la caja: _____
el dinero: _____
el precio: _____
la tarjeta de crédito: _____

elegante, (adj.): _____
bonito, ta, (adj.): _____
caro, ra, (adj.): _____
barato, ta, (adj.): _____
estrecho, cha, (adj.): _____
ancho, cha, (adj.): _____

el color: _____
blanco, ca, (adj.): _____
negro, gra, (adj.): _____
rojo, ja, (adj.): _____
amarillo, lla, (adj.): _____
gris, (adj.): _____
verde, (adj.): _____
azul, (adj.): _____

valer *un precio*: _____
costar *un precio*: _____
deber *dinero*: _____
dejar *algo a una persona*: _____
mostrar *algo a una persona*: _____
elegir *algo / a una persona*: _____
enseñar *algo a una persona*: _____
escoger *algo*: _____
preferir *algo*: _____
probar *algo*: _____
romper *algo*: _____
cortar *algo*: _____

lección siete 7

la hora: _____
el minuto: _____
un rato: _____

el desayuno: _____
la comida: _____
la cena: _____
el bocadillo: _____

la empresa: _____
la fábrica: _____
el taller: _____

el autocar: _____
el viaje: _____
el camino: _____

la reunión: _____

el pueblo: _____
el paseo: _____
el gimnasio: _____
el colegio: _____

la pintura: _____
el dibujo: _____

especial, (adj.): _____
distinto, ta, (adj.): _____
igual, (adj.): _____
mayor, (adj.): _____
menor, (adj.): _____
normal, (adj.): _____
limpio, pia, (adj.): _____
sucio, cia, (adj.): _____
correcto, ta, (adj.): _____
incorrecto, ta, (adj.): _____

¡Hasta luego!, (expr.): _____

¡Hasta la vista!, (expr.): _____

al instante, (expr.): _____

a la vez, (expr.): _____

despertarse *una persona*: _____
despertar *a una persona*: _____
levantarse *una persona*: _____
levantar *a una persona*: _____
ducharse *una persona*: _____
bañarse *una persona*: _____
bañar *a una persona*: _____
afeitarse *una persona*: _____
afeitar *a una persona*: _____
vestirse *una persona*: _____
vestir *a una persona*: _____
peinarse *una persona*: _____
peinar *a una persona*: _____
desayunar *(algo)*: _____
empezar *a hacer algo*: _____
lavar *algo / a una persona*: _____
lavarse *una persona*: _____
limpiar *algo*: _____
cenar *(algo)*: _____
acostarse *una persona*: _____
acostar *a una persona*: _____
parecer *una cualidad*: _____
preparar *algo*: _____
arreglar *algo*: _____
acabar *algo*: _____
comenzar *algo*: _____
comenzar *a hacer algo*: _____

morir, (v.): _____

lecciónocho**8**

el cuerpo: _____
la espalda: _____
el estómago: _____
la barriga: _____
el brazo: _____
la mano: _____
el dedo: _____
el ojo: _____
el oído: _____
la oreja: _____
la boca: _____
el diente: _____
la muela: _____
la pierna: _____
la rodilla: _____
el pie: _____
el dolor (*de*): _____

el despertador: _____
la madrugada: _____

el curso: _____
la actividad: _____
la sorpresa: _____
la admiración: _____
la dificultad: _____
el problema: _____

la película: _____
la agenda: _____
la entrada: _____
el concierto: _____
la ópera: _____
el proyecto: _____
el programa: _____
la fiesta: _____
el público: _____
la flor: _____

el texto: _____
el complemento: _____

horrible, (adj.): _____
alegre, (adj.): _____
divertido, da, (adj.): _____
aburrido, da, (adj.): _____
actual, (adj.): _____
perfecto, ta, (adj.): _____
favorito, ta, (adj.): _____
parecido, da, (adj.): _____
similar, (adj.): _____
diferente, (adj.): _____
solo, la, (adj.): _____
poco, ca, (adj.): _____
mucho, cha, (adj.): _____
bastante, (adj.): _____
demasiado, da, (adj.): _____

poco, (adv.): _____
mucho, (adv.): _____
bastante, (adv.): _____
demasiado, (adv.): _____

gustar, *algo / una persona, a una persona*: _____

encantar, *algo / una persona, a una persona*: _____
doler, *algo, a una persona*: _____
decidir *algo / hacer algo*: _____
interesar, *algo / una persona, a una persona*: _____

interesarse *una persona por algo*: _____

aburrir, *algo, a una persona*: _____

aburrirse *una persona*: _____

divertir, *algo, a una persona*: _____

divertirse *una persona*: _____
imaginar *algo*: _____
intentar *algo / hacer algo*: _____
sorprender *a una persona*: _____

conseguir *algo*: _____
oír *algo*: _____
aceptar *algo*: _____
quitar *algo*: _____

lecciónnueve**9**

la conferencia: _____
la clase: _____
la actuación: _____
la invitación: _____
la situación: _____
la conversación: _____

el aniversario: _____
la opinión: _____

la salida (*de un lugar*): _____
la entrada (*de un lugar*): _____
la solución: _____
la pregunta: _____
la respuesta: _____

rico, ca, (adj.): _____
pobre, (adj.): _____
inteligente, (adj.): _____
tonto, ta, (adj.): _____
nervioso, sa, (adj.): _____
posible, (adj.): _____
prohibido, da, (adj.): _____
permitido, da, (adj.): _____
primero, ra, (adj.): _____

Apéndice léxico

último, ma, (adj.): _____

¡Gracias! (expr.): _____

¡De nada! (expr.): _____
¡Por favor! (expr.): _____

¡Enhorabuena!, (expr.): _____

¡Feliz cumpleaños!, (expr.): _____

tener razón, (expr.): _____

por ejemplo, (expr.): _____

acordarse *una persona de algo*: _____

agradecer *algo a una persona*: _____

aparcar *un coche*: _____
coger *algo*: _____
creer *algo / en algo / en una persona*: _____

cumplir *años / una promesa*: _____

encender *fuego / la luz*: _____

explicar *algo a una persona*: _____

felicitar *a una persona*: _____

fumar *un cigarrillo*: _____
invitar *a una persona*: _____
ofrecer *algo a una persona*: _____

recordar *algo*: _____
olvidar *algo*: _____
organizar *algo*: _____
preguntar *algo a una persona*: _____

prestar *algo a una persona*: _____

prohibir *algo a una persona*: _____

quedarse *una persona en un lugar*: _____

rechazar *algo*: _____
sentir *algo*: _____
tirar *algo*: _____
proponer *algo*: _____

lección diez 10

la fecha: _____

la idea: _____

la vida: _____
la costumbre: _____
el accidente: _____
la suerte: _____

la tierra: _____
el aire: _____
el fuego: _____
el mar: _____
el río: _____
la montaña: _____
el campo: _____
la isla: _____

la plaza : _____
el tráfico: _____
el parque: _____
la carretera: _____
la acera: _____

la azafata: _____
el servicio: _____
el retraso: _____

la biografía: _____
la historia: _____

la taza: _____
el vaso: _____
el plato: _____
la copa: _____

el símbolo: _____
la seguridad: _____
el peligro: _____
la rueda: _____

el ruido: _____
el silencio: _____

cerrado, da, (adj.): _____
abierto, ta, (adj.): _____
dulce, (adj.): _____
salado, da, (adj.): _____
amargo, ga, (adj.): _____
corto, ta, (adj.): _____
largo, ga, (adj.): _____
diferente, (adj.): _____
peligroso, sa, (adj.): _____
típico, ca, (adj.): _____
bueno, na, (adj.): _____
malo, la, (adj.): _____

antes, (adv.): _____
después, (adv.): _____

¡Felicidades!, (expr.): _____

¡Es increíble!, (expr.): _____

¡Es fantástico!, (expr.): _____

en contacto, (expr.): _____

es decir, (expr.): _____

cruzar *un lugar*: _____
contar *algo a una persona*: _____

caminar *por un lugar*: _____
cambiar *algo*: _____
nacer *en un lugar*: _____
ganar *algo*: _____
disfrutar *con algo*: _____
descubrir *algo*: _____
subir *a un lugar (desde un lugar)*: _____

bajar *a un lugar (desde un lugar)*: _____

lección once 11

el examen: _____

el siglo: _____
la época: _____

el clima: _____
el Sol: _____
la Luna: _____
la nube: _____
la estrella: _____
el invierno: _____
la primavera: _____
el verano: _____
el otoño: _____
el viento: _____
la lluvia: _____
la niebla: _____
la nieve: _____
la tormenta: _____
la temperatura: _____
el frío: _____
el calor: _____
la calefacción: _____
la piscina: _____
la playa: _____

la moto: _____
el tren: _____
el barco: _____

el / la compañero, ra: _____

el disco: _____

la excursión: _____

el mapa: _____

la llave: _____

la guitarra: _____

el piano: _____

la revista: _____

la diferencia: _____

frío, a, (adj.): _____

caliente, (adj.): _____

cómodo, da, (adj.): _____

incómodo, da, (adj.): _____

extraño, ña, (adj.): _____

tranquilo, la, (adj.): _____

simpático, ca, (adj.): _____

antipático, ca, (adj.): _____

duro, ra, (adj.): _____

blando, da, (adj.): _____

¡Qué calor!, (expr.): _____

¡Qué frío!, (expr.): _____

¡Qué suerte!, (expr.): _____

¡Es estupendo!, (expr.): _____

sentar *bien / mal, algo, a una persona*: ____

llover, (v.): _____

nevar, (v.): _____

merendar *algo*: _____

publicar *algo*: _____

gritar, (v.): _____

cobrar *algo por algo*: _____

parar *de hacer algo*: _____

bailar *(con una persona)*: _____

celebrar *algo*: _____

asegurar *algo*: _____

aparecer *algo / una persona en un lugar*: _____

alegrarse *una persona de / por algo*: ____

volar, (v.): _____

volver *a hacer algo*: _____

volver *a un lugar*: _____

leccióndoce 12

la agencia: _____

el contrato: _____

la variedad: _____

el puente: _____

el lago: _____

la aventura: _____

la costa: _____

el campo: _____

la región: _____

el Norte: _____

el Sur: _____

el Este: _____

el Oeste: _____

el baile: _____

el carnaval: _____

el caramelo: _____

la previsión: _____

la posición: _____

el automóvil: _____

el turista: _____

el viajero: _____

la reserva: _____

el billete: _____

el avión: _____

el aeropuerto: _____

la información: _____

la maleta: _____

el momento: _____

la tienda de campaña: _____

el refugio de montaña: _____

el camping: _____

el billete de ida: _____

el billete de ida y vuelta: _____

el alquiler: _____

la agencia de viajes: _____

el ordenador portátil: _____

rápido, da, (adj.): _____

lento, ta, (adj.): _____

agradable, (adj.): _____

querido, da, (adj.): _____

necesario, ria, (adj.): _____

seguro, ra, (adj.): _____

único, ca, (adj.): _____

libre, (adj.): _____

futuro, ra, (adj.): _____

deprisa, (adv.): _____

despacio, (adv.): _____

hacer *auto-stop*, (expr.): _____

por casualidad, (expr.): _____

_____u

momento, por favor, (expr.): _____

asustar, *algo / una persona, a una persona*: _____

ayudar *a una persona*: _____

continuar *algo*: _____

conducir *un coche*: _____

enviar *algo a una persona*: _____

quedarse *algo / una persona en un lugar*: _____

_____q

con una persona en un lugar: _____

equivocarse *una persona*: _____

fregar *algo*: _____

soñar, (v.): _____

suponer *algo / que*: _____

recoger *algo*: _____

alquilar *algo*: _____

alojarse *una persona en algún lugar*: _____